本译著系中国政法大学青年拔尖人才培养支持计划研究成果。

本书为北京外国语大学中华文化国际传播研究院所主持的北京外国语大学"双一流"建设重大标志性项目"文明互鉴：中国文化与世界"（2021SYLZD020）研究成果。

象鉴

Communicating

中西相遇　文明互鉴

本书是哈佛燕京学社研究书系（Harvard-Yenching Institute Studies）的第十九册，出版经费源自第二次世界大战期间洛克菲勒基金用于出版中文和日文词典剩余资金的授权资助。本系列不同于哈佛燕京学社丛书（Harvard-Yenching Institute Monograph Series），主要由文献研究、语法学、参考工具书、译著和其他学习和研究辅助用书组成。

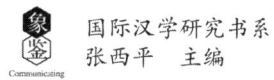

国际汉学研究书系
张西平 主编

［美］费正清 著
(John K. Fairbank)
邓嗣禹
王学深 译

清代公文、驿递和朝贡体系

政通四海

Ch'ing
Administration
Three
Studies

中原出版传媒集团
中原传媒股份公司
大象出版社
·郑州·

图书在版编目（CIP）数据

政通四海：清代公文、驿递和朝贡体系 /（美）费正清（John K. Fairbank），邓嗣禹著；王学深译. -- 郑州：大象出版社，2025.5. --（国际汉学研究书系 / 张西平主编）. -- ISBN 978-7-5711-2539-4

Ⅰ. D691.2

中国国家版本馆 CIP 数据核字第 2025X71K45 号

CH'ING ADMINISTRATION: Three Studies
by John K. Fairbank and Ssu-Yu Teng
Copyright © 1960 by Harvard University-Harvard-Yenching Institute
Copyright © renewed 1988 by Harvard University-Harvard-Yenching Institute
Published by arrangement with Harvard University Press
through Bardon-Chinese Media Agency
Simplified Chinese translation copyright © （2025）
by Elephant Press Co., Ltd.
ALL RIGHTS RESERVED
豫著许可备字-2024-A-0070

政通四海：清代公文、驿递和朝贡体系
ZHENGTONG SIHAI: QINGDAI GONGWEN、YIDI HE CHAOGONG TIXI

［美］费正清（John K. Fairbank）　邓嗣禹　著
王学深　译

出 版 人	汪林中
责任编辑	徐湑琪
责任校对	牛志远
美术编辑	杜晓燕
书籍设计	大外夫 / 李燕行

出版发行　大象出版社（郑州市郑东新区祥盛街 27 号　邮政编码 450016）
　　　　　发行科　0371-63863551　总编室　0371-65597936

网　　址	www.daxiang.cn
印　　刷	北京汇林印务有限公司
经　　销	各地新华书店经销
开　　本	890 mm×1240 mm　1/32
印　　张	7.75
字　　数	174 千字
版　　次	2025 年 5 月第 1 版　2025 年 5 月第 1 次印刷
定　　价	89.00 元

若发现印、装质量问题，影响阅读，请与承印厂联系调换。
印厂地址　北京市大兴区黄村镇南六环磁各庄立交桥南 200 米（中轴路东侧）
邮政编码　102600　　　　　　电话　010-61264834

序

将近 20 年前,当我们出版《政通四海:清代公文、驿递和朝贡体系》时,我们将其视为探索这片研究处女地的拓荒之作,很快还会有其他学者对其进行更全面的探索和发掘。我们曾预期自己的成果将被快速地取代。然而相反,后来在这些主题内(译者按:指关于清代行政的研究),几乎没有进一步的研究开展。已经出版的重要研究成果来自一些辅助性的领域——晚清的社会政治结构、军事史、外交关系、对外贸易、早期工业增长,以及国内叛乱研究,甚至是思想史和(用日语发表的)文化关系史等。但是,有关清代官僚机器日常运转的情况,却少有人关注,而在这些文章各自的主题范围内,也还没有更多的英文权威著作出现。虽然日本东京大学制作了一本日语版实用的术语列表[1],但是还没有关于清代行政术语的中英词典出现。总体而言,几乎没有人更全面地从事官方政令和谕旨上传下达是如何运行的研究,也很少有人探索朝贡使团的细节和与之相关的贸易。

---

[1] 参见植田捷雄、鱼返善雄、坂野正高、卫藤沈吉、曾村保信编著:《中国外交文书辞典》,东京学术文献普及会,1954 年。

关于晚清资料在研究中的使用,近期参考书目,见费正清编:《清季史料入门教材》(Ch'ing Documents: An Introductory Syllabus)(两卷本,第 2 版),哈佛大学出版社,1959 年。

虽然这可以解释为什么这些文章是被再版印刷而不是进行修订，但也同时提出了西方学界有关近代中国研究的一个重要问题。我们是不是在没有进行基于实际的、详细的基础工作的情况下，就试图过于直接地探讨当代社会科学提出的重大问题，例如社会流动性、商业活动、阶级、权力结构和意识形态等。而在其他领域，这些重大问题的提出往往有着更加成熟的研究基础。

西方汉学家要么陷入对19世纪中国历史零碎化叙述的旋涡里，要么一头扎进精心制定的社会科学分析和概念框架的云雾中，却没有首先将中国文献记录中的特殊术语与已确立的英语对应术语建立联系，然后通过这些术语来追溯主要行政机构的日常程序和运行实践，进而用可靠的事实细节填充当前模糊的官方机构轮廓，这是不是一种低效率的努力？换句话说，我们在当代研究兴趣的驱使下，是否不明智地忽视了对中国传统政府运行机制和相关机构的研究？

这种研究——无论是关于盐政、理藩院、科举制度，或是田税的研究——的一个论据就是，晚清时期大量档案记录，使得正式建立的官方制度与日常公文中可见的制度实际运行，有了比较的可能。后者在我们的图书馆资料中一直可资利用。我们缺的不是中文档案，而且近年来越来越多的美国研究人员能够阅读这些中文文献。我们缺少的是耐心，特别是勇气，在提出重大问题之前去研究一些小的，具有系统性和可操作性的问题。本研究的再版，主要是为了帮助那些寻求了解晚清政府细节情况和行政运行奥秘的人。

我们很感谢哈佛燕京学社可以让三篇文章在其研究系列丛书中结集出版，这些文章原发表于《哈佛亚洲研究学报》1939年第4期,第12—46页;1940年第5期,第1—71页;1941年第6期,第135—246页。在书中的顺序与原期刊发表顺序一致。由于再版是影印出版的,所以一些印刷错误也被带入本书之中。唯一改动的就是在每页底部添加的连续页码,下面的勘误表请参照新的页码(译者按:以下页码指原书页码,本书相应处已修改):

第7页,注释17,倒数第4行:Kiangsi(江西),应为Kiangsu(江苏)。

第90页,倒数第11行:I-wu shih-lo 应为 I-wu shih-mo(夷务始末)。

第94页,倒数第10行:SHÊN-CH'ÊNG 申呈,应为 SHÊN-CH'ÊN 申陈(意为申报陈述)。

第154页,第4行:presered 应为 preserved。

第182页,第8行:Lan Ting-yüan 应为 Lan Ting-yüan。

请关注哈佛大学出版社的哈佛东亚研究系列丛书,即将出版由任以都(E-tu Zen Sun)翻译和编辑的《清朝行政术语:〈六部成语注解〉翻译》(*Ch'ing Administrative Terms: A Translation of "The Terminology of the Six Boards with Explanatory Notes"*)。虽然这本书并不是一本词典,但是作为一本研究清代的工具书,它涵盖了清代行政运行中所涉及的广泛的名词术语。

费正清 邓嗣禹
1960年1月

目 录

第一章
论清代公文的传递
1

第一节　清代的驿传系统
3

第二节　1842—1860年间公文传递的实际速度
30

第二章
论清代公文的种类与用途
37

第一节　导论
37

第二节　内阁的处理流程
40

第三节　军机处的处理流程
51

第四节　已出版的清代部分档案列表
60

第五节　公文类型的目录
63

第三章
论清代的朝贡体系
96

第一节　朝贡的传统角色
96

第二节　晚明的朝贡国
107

第三节　清代的理藩院
120

第四节　清代对来自南部和东部朝贡国的总体规定
125

第五节　朝贡体系中的欧洲国家
136

第六节　清代的朝贡使团和对外贸易
151

第七节　1644—1860年间清代关于海事关系的著作精选
177

第八节　六个版本《会典》中的朝贡名单索引
190

附录1　参考书目
221

附录2　清代朝贡国补充列表
229

附录3　第三章第七节著作作者与著作名称索引
234

第一章
论清代公文的传递

现在,已经有大量关于19世纪中国外交事务的档案可以利用了[1],但是有许多重要的事实仍然模糊不清。与其他外交史领域的研究者相比,从事中国外交政策研究的学生处在一个特殊的地位。他拥有丰富的档案文献可供研究,但对这些文件是如何产生的却没有明确的概念。例如,他知道一份奏折被皇帝阅览的日期,却并不知道这份奏折的写作日期,不知道是哪些政府机构负责起草、传达、记录、复制并最终将其编辑成今日可供利用的档案。所有这些问题还没有被解决。本文的目的就是要攻克这些问题中的一部分,也就是要研究与外交事务相关的档案通过驿递系统,在京师和直省之间是以何种方式传递的,特别是这种传递所需要的时间。

这里讨论的邮政投递是指在清朝外交事务大量激增之

---

[1] 主要的已出版档案是1930年在北平发行的《筹办夷务始末》。它是在原有谕旨汇编和进呈奏折的基础上影印的。这些原本分别是1856年编纂的1836—1850年80卷本《筹办夷务始末》道光朝,1867年编纂的1851—1861年80卷本《筹办夷务始末》咸丰朝,1880年编纂的1862—1847年100卷本《筹办夷务始末》同治朝。

前的时期[1],同时在近代早期阶段,我们只关注官方文件的传递,而不涉及由中国私人企业发展而来的,为普通民众所使用[2]的信行(Letter Hongs)或民信局(People's Letter Offices)。目前,在诸多类别的官方档案中,我们主要关注的是军机处(Council of State 或 Grand Council)寄送和接收的文件。军机处在当时全面负责处理与西方"野蛮人"的关系。几乎所有涉及外交事务的文件都要经过军机处之手,并通过马匹在直省间传递。因此,我们较少关注在直省间通过脚力传递和在京中通过内阁(Grand Secretariat 或 Imperial Chancery 或 Inner Cabinet)传递的文件,同时这些系统下负责传递文件的分支机构也仅会被次要性地提及。[3]

---

[1] 近代中国邮政服务直到1858年,随着近代行政机构——特别是像总税务司和总理衙门——的设立才得以创建。此后,负责传递海外中国外交文件的文报局(Despatch Office)和海关书信馆分别在1876年和1878年相继设立,最终在赫德的推动下,全国性的大清邮政在1896年建立。后者在1911年从海关系统分离出来。1914年中国加入了国际邮政联盟。参见马士(H. B. Morse):《中华帝国对外关系史》(The International Relations of the Chinese Empire)(全三卷),伦敦,1918年。

[2] 据说大众(邮递)服务在15世纪就已经被开创,并主要从宁波向沿海省份扩散,最终延伸至西北地区。这一服务包括了寄送普通信件和挂号信,邮递包裹和汇票,甚至是运输行李。在被近代邮政业替代——也就是19世纪——以前,这类商家拥有庞大的网络,不仅在国内有数千个站点,而且在海外的华人社区内也有分支机构。参见张梁任:《中国历代邮制概要》,《东方杂志》第32卷第1期,第10b—12b页。

[3] 官衔的翻译依据布鲁纳特(H. S. Brunnert)和哈盖尔斯特洛姆(V. V. Hagelstrom)著,贝勒申科(A. Beltchenko)、莫兰(E. E. Moran)译:《当代中国的政治机构》(Present Day Political Organization of China),上海,1912年。还援引了以下书目,梅辉立(Brunnert W. F. Mayers)编,白挨底(G. M. H. Playfair)修订:《中国政府:名目手册》(The Chinese Government: A Manual of Chinese Titles, Categorically Arranged and Explained with An Appendix),上海,1897年。虽然早期阶段的著作缺少全面性,但是却更加准确。地名依据发行的中国邮政地图集,或者是白挨底著:《中国的城市和乡镇:地理词典》(The Cities and Towns of China, A Geographical Dictionary),上海,1910年。

第一章 论清代公文的传递

为了便于分析,下文的讨论首先是依据一些官方规定,主要是《大清会典》[1]中制定的规章,其次是依据在档案中目前可见的驿递部门的实际运行情况。

第一节 清代的驿传系统

被西方作家称为 I Chan(驿站,Postal Stages,字面意思是邮政站点)的中国官方邮递系统有着悠久的历史,并且其大部分被清代继承。顺便提一下,一千多年来,由信差步行运输邮件和骑马传递邮件,二者是有区别的,但都被置于兵部的管控之下。春秋时期"驿"已经被提及,汉代将普通的邮递和骑马运送的飞递区别开来。[2] 唐代的驿传服务已经有了明确记载。根据《唐六典》[3]记载,唐代共有1639所驿站,其中1297所是骑马投递的陆路驿站,还有260所水路驿站。据说这些驿站通常每隔30里设置一所[4],由驿长负责,其下设有驿夫。

元代驿传系统被称为"站赤",由兵部管辖。对于蒙古管控的西北广阔疆域,有另外一个机构负责驿传,叫通政院。同时,一种速递站点系统——急递铺,也有所发展。明代的

---

[1] 各种版本的《大清会典》都依据其问世年代的统治者年号呈现,例如《康熙会典》(御制序文时间是1690年),《雍正会典》(御制序文时间是1732年),《乾隆会典》和《乾隆会典则例》(两部都在1748年由官方主持编纂),《嘉庆会典》和《嘉庆会典事例》(两部都在1818年编纂完成),《光绪会典》和《光绪会典事例》(两部都在1899年刊行)。

[2] 白寿彝著:《中国交通史》,上海,1937年,给出了概要性描述,第145—148,179—190页。

[3] 1895年广雅书局版,卷5,第12页。

[4] 陈沅远著:《唐代驿制考》,《史学年报》第1卷第5期,1933年,第61—92页。文章利用地图和参考文献进行了详细分析。

驿传体系包括隶属兵部的车驾清吏司（Remount Department）及其下的会同馆，在直省内设置有承担普通邮递任务的水马驿，负责官方行李运输的递运所和提供急件传递服务的急递铺。正如下文将阐释的，明代的驿传系统几乎被清代原样复制。在描述驿传体系服务于外交事务时的特殊任务之前，我们先来回顾下驿传体系的主要组成部分，按照它们在19世纪早期规章中所规定的那样。[1]

清代的驿传系统由兵部下属的四清吏司之一的车驾清吏司总责其事。车驾清吏司主要负责军马场和驿传事宜。前者的规章中清晰地表明，如果需要，马匹可以用于驿传服务，所以驿马供应不会短缺。[2]

当然，驿传系统的主干是由京师向不同方向延伸至各省的一系列驿站。以京师的中央驿站——皇华驿为起始点，有四条主要的线路分布：(1) 东北路，从北京到奉天，再由此延伸至吉林和黑龙江；(2) 东路到山东，再由此延伸至 (a) 安徽、江西和广东，或者 (b) 江苏、浙江和福建；(3) 中路到河南，再由此延伸至 (a) 湖北、湖南和广西，或者 (b) 贵州和云南；(4) 西路到山西、陕西，再由此延伸至 (a) 甘肃和新疆，或者 (b) 四川和西藏。也许还可以增加一条线路：(5) 西北路到张家口，再延伸至乌里雅苏台和科布多或库伦。[3]

---

[1] 除非另有注明，否则以下表述源自《嘉庆会典》卷39，特别是第17—34页。
[2] 京师的旗人军马场内需要稳定地喂养2400匹官马。此外，还要保有2000匹拴马用于部队和各政府衙门，而直隶则需要保有3188匹马为旗人所用，还要满足其他类似的供应需要。在省会和重要的城镇，也需要维持固定数量的马匹，数量经常以千计。例如，南京文官衙门需要用马数量保持在359匹，而军队需要维持在5726匹，在临近的京口这一数字则分别是143匹和2274匹。
[3] 《雍正会典》卷142，第7页。白寿彝著：《中国交通史》，上海，1937年，第188页。

第一章 论清代公文的传递

沿着这些不同的路线,有几种不同类型的驿站,每一种都有不同的名称。主要的一个区别就是在"驿"与"站"。那些被称为"驿"[1]的主要设置在城墙之内,由地方文官管控,而被称为"站"的则通常设置于城墙之外,由军队管辖。建立后者(可能起源自元代的站赤)的目的是收集军事情报,这些"站"主要见于西线和西北线这两条路线。[2] 虽然经济支持来自地方政府,但是这些"站"由军官负责收发公文。名为"站"的驿传机构也被用于吉林和黑龙江,以及长城沿线和蒙古。"塘"是指出嘉峪关到安西和哈密之间的军事驿传站点,同样由军队管辖,但是由地方政府支持。"台(或军台)"是沿着传递线路到乌里雅苏台、科布多和库伦的军事驿传站点。另外一类驿站是"所"(标准称呼是递运所),它的建立最初是出于满足在省内运输行李和其他省内官方资产的需要;大约在18世纪末,除了甘肃,其他地方的"所"都被并入了"驿"之内。这些不同类型驿站的分布显示于附注

---

[1] 每个省内的驿由厅、州、县官管辖。偶尔会有地方特别设立驿丞以负责驿传事宜。这些驿站的花销、给养、驿夫和马匹都归印官管辖。所有这些印官由道、府直接监管,也隶属按察使(译者按:原文作布政使,有误)总责其事,即"以按察使兼驿传事务,总核一切"(《嘉庆会典》卷39,第17a页)。虽然在奉天的驿站被称为"驿",但它实际上是由盛京兵部管辖的一个军事上的"站"。
[2] 在这两条线路中,"一达张家口接阿尔泰军台以达北路文报。一沿边城逾山西、陕西、甘肃,出嘉峪关接军塘以达西路文报"(《嘉庆会典》卷39,第17a页)。

表之中,其中"驿"占主导地位,这在沿海省份尤为明显。[1]

---

[1]《嘉庆会典》卷39(第18页)记载各省驿站总数如下(省略蒙古和西北的驿站):

(单位:所)

省份	驿	驿和站	站
直隶	—	185	—
盛京	29	—	—
吉林	—	—	38
黑龙江	—	—	36
山东	139	—	—
山西	—	125	—
河南	120	—	—
江苏	40	—	—
安徽	81	—	—
江西	47	—	—
福建	68	—	—
浙江	59	—	—
湖北	71	—	—
湖南	62	—	—
陕西	—	129	—
甘肃	驿、站、塘、所总计331		
四川	65	—	—
广东	10	—	—
广西	19	—	—
云南	81	—	—
贵州	23	—	—
总计	914	439 + 331	74
以上合计	1758		

《嘉庆会典》记载蒙古和西北包括273所驿站,加之以上数字,全部驿站共计2031所
[除了甘肃,"所"似乎已经在编纂《乾隆会典》和《嘉庆会典》(1818年之前)之间的时段内被废止了。]值得注意的是,在各种版本的《会典》中列出的驿站总数最高值出现在嘉庆版内。

(单位:所)

时代	总驿站数
康熙(1662—1722)	842
雍正(1723—1735)	899
乾隆(1736—1795)	792
嘉庆(1796—1820)	2031
光绪(1875—1905)(译者按:应为1875—1908)	1777

资料来源:《康熙会典》卷100,第2b页;卷101,第26b页。《雍正会典》卷141,第4b页;卷142,第7页。《乾隆会典则例》卷120,第1—9b页。《嘉庆会典》卷39,第18页。《光绪会典》卷51,第2页。

第一章 论清代公文的传递

所有上述被提及的驿站，都为了用马匹或其他等效工具[1]快速承转公文而设。然而，除了以上这些驿站，还存在另外一种不依靠马匹，仅凭驿夫脚力传递官方公文的辅助传递系统。这些驿站被称为"铺"，在所有省内均有发现，它们处于地方政府的管辖之下。"驿"是每百里一置，而"铺"通常是每10里到30里一置。[2] 就我们讨论的目的而言，这些"铺"相对不那么重要，我们应该暂时将注意力集中于"驿"之上，因为几乎所有涉及外交事务的公文都是通过"驿"从沿海省份发往北京的。

这些驿站的使用由一套邮符系统管理，驿夫凭借此邮符沿指定线路行进，并被允许使用马匹或其他运输工具，获得在途补给。这些邮符有两类：(1)勘合，它被发给官驰驿者；(2)火牌，它被发给兵役驰驿者。后者也被发给来自云南、贵州和嘉峪关以西的甘肃地区的科举士子。每年，兵部都会给总督和巡抚、汉人军队系统内的提督和总兵、满洲驻防系统内的将军和都统发放火牌，有时也会发给勘合。无论任何

---

[1] 据说，除了福建、广东和广西，所有省份都用马或驴；牛和骆驼被分别用于满洲和蒙古；手推车和船只被用于适宜之地，后者特别适用于南方。参见《嘉庆会典》卷39，第18b—21b页；《光绪会典》卷51，第2b—4页。
[2] "各省腹地厅、州、县皆设铺司。由京至各省者亦曰京塘。各以铺夫、铺兵走递公文。工食入户部钱粮奏销。"参见《嘉庆会典》卷39，第18页；《光绪会典》卷51，第1—2页。关于"铺"的列表，参见《嘉庆会典事例》卷523—557。

时候需要驿夫传递公文时,这些邮符都可使用。[1]

但是,这些邮符也被用于一种更加普遍的情况,就是在所有官员从一地到另一地公干时使用,驿站不仅确保为邮符的持有者提供马匹,还会提供随从、推车、船和其他设施。所提供设施的范围取决于官员的级别、路线和旅程的性质,所有这些都有详细的规定。因此,从京师派出走陆路的官员可以凭借邮符获得乘马、驮马和其他物资,供给的数量依据他们的官衔决定。走水路旅程的官员会被分配船夫。如果不用马匹,他们被允许以每匹马对应三个人的比例来获得随从。他们也可以得到一定数量的政府配给。除了政府官员,

---

[1] 每年邮符使用的数量、类别和分布情况如下所示:

(单位:个)

官职	火牌	勘合
两江总督、湖广总督、云贵总督、陕甘总督、两广总督、闽浙总督、四川总督和漕运总督,每人	20	—
直隶总督、河道总督(一个在江南,一个在山东)、江苏巡抚、安徽巡抚、浙江巡抚、湖北巡抚、湖南巡抚,每人	18	—
山东巡抚、山西巡抚、河南巡抚、江西巡抚、福建巡抚、广东巡抚、广西巡抚、云南巡抚、贵州巡抚	16	—
甘肃提督	4	10
所有其他省提督,每人	4	—
所有总兵、所有盐运使,每人	2	—
奉天府尹、所有学政,每人	4	—
盛京兵部	20	20
吉林和黑龙江驻防将军	10	10
所有其他驻防将军,每人	4	4

布政使(译者按:应为按察使,下同)掌管邮递事宜,额数不定。新被任命的布政使需要向兵部呈请每年所需邮符数量(《嘉庆会典》卷39,第22b页)。他们所获邮符之所以不设定额,是因为他们自己可以总体负责省级邮政服务。所有邮符的实际使用数量在每年年末时要上报给兵部

第一章 论清代公文的传递

这些设施也会给来自外国的朝贡者使用。最后,"驿"被用于运输公共物品。为了达成这个目的,相应的规章极为详细。例如,在浙江转运田税银总额达到16万两时,允许使用一艘太平船,当总额达到16万到20万两之间时,允许使用一艘沙飞船,以此类推。[1] 从这一点可以明显看出"驿"的多元用途,不仅仅是用于传递官方文件,实际上它构建起一种有效的运输和交流服务,并非西方学者认知中单纯的邮递功能。政府拨出大量的经费对它予以维护,反映出驿站的重要性。[2] 因此,清代公文的传递只是驿站的功用之一,但就本文的目的而言,(驿站)其他活动暂可忽略。

利用驿马传递公文首先需要一张火票。国家(《嘉庆会典》)规定"马递公文皆加本部火票,令沿途各驿接递。其由外达京及在外彼此互达者,则各黏连排单,令按程于单内登注时刻"。[3] 这项规定似乎适用于所有由驿马承担的公文传递,也详细阐述了许多在传递途中保存记录和妥善密封公

---

[1]《嘉庆会典》卷39,第23a—27a页。这些广泛的条例还规定了年度报告,对滥用邮政设施的处罚,以及对服务的总体维护和使用。
[2] 除了一些特例,驿站的维护费用来源于田税。虽然据说已经有所削减,但是在19世纪中叶据估用于驿站维护的总花费还是高达300万两白银(张寿镛:《皇朝掌故汇编》内编卷51,1902年,第7b页)。可以将其与《嘉庆会典》卷39所记载的官方核准的维护费用相比较,后者是在200万两白银上下,不包括大米、豆类和饲料的补贴。同一时期(大约1818年)据估年田税总收益是32 845 474两(《嘉庆会典》卷11,第16b页)。条例明显体现出限制支出的意愿,特别规定了招募平民服役的支付比率,也规定每年仅有一定比例,大约30%—40%的驿马可以"倒毙",并规定了购买新马的支付价格。这些价格有差异,从黑龙江的6两到贵州的18两区间浮动(《嘉庆会典》卷39,第19b页)。
[3]《嘉庆会典》卷39,第27a页。

文的相关条例与要求。[1]

此外,在传递重要的或秘密的奏折时,公文可能由一位特殊的信使(译者按:专差)传递,他会使用上文描述的火牌。[2] 显然,在这种情况下,省级官员每年都会使用给予他们的邮符(火牌)。

一旦一份公文按"飞递"发送,预计它将以每日行300里的速度传递;"(但是)遇有加急事件,始以日行四百里、五百里、六百里字样加签"[3]。换句话说,在太平天国起义和对英战争期间,朝廷官方情报按照律法规定,每天最多只能走200英里左右。关于公文的实际传递速度的问题既有趣又重要。

18世纪公文传递速度的发展揭示了这个问题。1708年,紧急公文的最快传递速度是一天500里。[4] 到了1742年,这一最快速度被提升至一天600里。但是在1748年到1749年间,福建和广东是个例外,这两地按要求以600里发送的公文被允许实际上一天只行300里。1750年规定,一

---

[1] "凡直省紧要公文,一面由马上飞递,一面备文报明该司道备案。其取受飞递文书之各衙门,并沿途转送之各州县衙,亦将何年月日收递何衙门事件之处,知会该管驿站衙门查明。阁属飞递事件,每三个月上报督抚,每年年底上报兵部查核。公文或由密封报匣发送,或由密封夹板发送,或由密封棉纸封套发送。参见《嘉庆会典》卷39,第27—28a页。

[2] "凡题奏紧要事件,如参官荐举及大计、军政、奏销等项,专差递送,准用火牌一张,填马二匹。如有同城驻扎官同日拜本者,汇入一牌,亦止填马二匹)。"参见《嘉庆会典》卷39,第27—28a页。常规性的由马匹传递公文的类别在另外一份资料中有如下记载:(1)军机处交发的公文;(2)部院衙门咨行外省紧要事件;(3)重要的上行公文;(4)各省文武官员在皇帝万寿、大节和相似情况下所上奏折和贺表;(5)河道总督上奏的紧急奏折。参见《兵部中枢政考》,御制序文时间是1825年,卷33,第25—27页。

[3] 《嘉庆会典》卷39,第27a页。

[4] 《乾隆会典则例》卷121,第30页。

第一章　论清代公文的传递

天行600里的传递速度只有确为紧急所需时才被允许使用[1],我们可以得出的结论是,传递速度的提升可能与中亚的战事不无关系,但是成本高昂,在一些地区提升速度无法实现。根据嘉庆和光绪时期的规定,整个19世纪驿马传递的常规速度保持在一天300里,飞递速度保持在一天400里、500里或600里。[2] 在直隶、河南、湖北、广西和广东的山区,无法使用马匹,一天最大传递距离根据实际情况由600里减少至400里、300里、240里,甚至200里。[3] 总之,在清代五个版本的《大清会典》中,没有提及比一天600里更快的传递速度。然而,到了1842年,在实际传递过程中,日行600里速度偶尔被超越,朝廷谕令的下达、遵行和公文的传递速度可以达到一天800里,正如下文将要阐述的那样。

表1.1是出于比较目的而列出的,因为它不像大多数有关外交事务的公文是直接利用飞递发出的。在A栏下所给出的是由铺递传送普通公文的时限;在B栏下所给出的是由马匹传递公文——例如题本的时限。第三个表格是以每天300里或更快速度传递的情况,是从所列的距离推断出来的,不能视为确定的数字,因为由于地形的原因,针对某些特定区域必须做许多考虑,每天需要走的距离在规定中减少到常规定量以下。毫无疑问,对于一天300里以上的速度,速

---

[1]《乾隆会典则例》卷121,第37—38页。
[2]《嘉庆会典》卷39,第27a页;《光绪会典》卷51,第10b、12页。
[3]《嘉庆会典》卷39,第28b—39页;《光绪会典》卷51,第12页;《光绪会典事例》卷700,第11—13b页。

度越高,这一条件就越适用。[1]

表 1.1 和表 1.2 包括了以下数据:1. 所有省级政府的高层(官员),2.1842—1860 年间所有可能与外国人接触的道台。材料引用如下:

(1)《乾隆会典》卷 66,第 5b—6b 页。

(2)《乾隆会典则例》卷 121,第 31—34 页。

(3)石中隐辑《则例图要便览》,王又槐重辑:《增订则例图要便览》(1792)卷 10,第 5—6 页。

(4)《嘉庆会典》卷 39,第 29—30 页;卷 54,第 14—15 页。

(5)《嘉庆重修一统志》(1842)。

(6)《兵部处分则例》(1823)卷 4,第 32—33b 页。

(7)《兵部中枢政考》(1825)卷 35,第 1—7b 页。

(8)《光绪会典》卷 51,第 12b—13b 页;卷 69,第 13b—15 页。

(9)《光绪会典事例》卷 700,第 1—4、8b—11 页。

(10)《广东通志》(1864)卷 84—88。

(11)《畿辅通志》(1884)卷 48—55。

(12)《山东通志》(1915)卷 1。

(13)《浙江通志》(1899)卷 3。

---

[1] 例外情况的列举参见《嘉庆会典》卷 39,第 28b 页;《光绪会典》卷 51,第 12 页。更重要的可以总结如下,以下所有速度都并非每天 600 里:在直隶的滦平、承德和遵化地区,300 里;在江西边界处的德化、福建和浙江,400 里;从湖北东湖到襄阳,400 里;广西山区,300 里;贵州山区,240 里;广州西江沿线或从广州到湖南和江西,200 里;从广州到福建,240 里;四川省内,400 里;福建省内,300 里;从湖南衡州到广东省界,240 里。值得注意的是,在江苏和北京之间的路线没有例外。

第一章 论清代公文的传递

(14)《福建通志》(1868)卷4。
(15)《同安县志》(1875)卷1,第3页。
(16)《上海县志》(1871)卷1,第5页。

在大多数的示例中,距离的数字来源自(1)(3)(4)(5)(8)(9)。除非特别注明,否则(9)的距离数字来源与(3)一致,(8)的距离数字来源与(4)一致。

在大多数的示例中,时限的数字来源包括(2)(4)(7)(8)(9)。除非特别注明,否则所有数字来源一致,在B栏下给出的天数是由驿马传递的数字。在来源(3)(4)(6)(8)(9)中,除非特别注明,否则所有来源一致,在A栏下给出的天数是由步行传递(铺递)的数字。

不同的出版物中记录距离的差异是每个案例中不同的计算方法所致,有时计算到衙门本身所在位置,有时计算到城墙的位置,有时只计算到省的边界。

表1.1[1]　从各省级衙门发送公文到北京的时限和距离列表

城市(官职)	到北京的距离/里	传递公文时限/天	
		A 步行	B 马匹
厦门	7380(15)	—	30
安顺(贵州)	7820(5)	—	30
安庆(安徽巡抚)	2526(3),2624(4),2615(1),2700(5),*3441(4),*3430(1)	25	15
广州(总督、巡抚和驻防将军)	5570(3),5604(4),5670(1),7570(5)	56	32

[1] 解释性说明见正文前几段。译者按:括号内无官职的,原文即如此。

续表

城市(官职)	到北京的距离/里	传递公文时限/天 A 步行	B 马匹
漳州(福建)	7525(5)	—	31
常州(译者按:原文作浙江,应为江苏)	2535(5)	—	—
长沙(湖南巡抚)	3757(3),3590(4),3670(1),3585(5),*5081(4),*5090(1)	37	18天18小时
张掖,见甘州			
肇庆(广东)	7402(10)	—	—
赵州(直隶)	720(11)	—	—
潮州(广东)	9063(10),(15)	—	38天12小时
乍浦	3120(13)	31(6)	16
郴州(湖南)	3650(5)	—	20(7)
承德	420(11)	—	—
正定(直隶)	610(11)	—	—
成都(四川总督)	4770(3),4750(4),4675(1),5710(5)	48	24
济宁(山东)	1145(3),1200(5)	11(3)	7(7)
嘉应州(广东)	8763(3)	—	—
胶州(山东)	1600(12)	—	—
重庆	6670(5)	—	29

续表

城市(官职)	到北京的距离/里	传递公文时限/天 A 步行	B 马匹
镇江	2300(3,5)	23(6)	13(7)
清江浦(江南河道总督)	1975(3)	20	10—12(7)
青州(山东)	1300(12)	—	8(8)
琼州(广东)	9715(10)	—	44(8)
处州(浙江)	4580(13)	—	25(7)
泉州(福建)	7255(5)	—	29(7)
崇明(江苏)	—	—	14(7)
福州(总督、巡抚和驻防将军)	4775(3),4848(4),4862(1),6130(5)	48	27
台湾府	7332(14)	—	30(3)
福宁(福建)	7200(5)	—	33(3)
海州(江苏)	1700(5)	—	—
杭州(浙江巡抚)	3050(3),3133(4),3117(1),3300(5),*3531(4),*3486(1)	30	17
黑龙江(驻防将军)	3983(3),3317(4),4127(1),3300(5)	40	18
河间(直隶)	410(11)	—	—
兴化(福建)	6403(14)	—	—
徐州(江苏)	1165(5)	—	8天22小时(7)

续表

城市(官职)	到北京的距离/里	传递公文时限/天 A 步行	B 马匹
湖州(浙江)	4300	—	27(7)
淮安(漕运总督)	1995(3),1975(5)	20	12
惠州(广东)	8485(5,10)	—	34(7)
惠远城,见伊犁			
伊犁	10044(4,走驿站),10820(5),9220(4,走军台),14549(9)	193(9)	43
热河(都统)	420(3),430(9),450(4)	5(8)	4(7)
开封(河南巡抚)	1545(3),1490(1),1495(4),1540(5)	15	8天14小时
张家口(察哈尔都统)	410(3),390(11)	4	4(7)
高州(广东)	8647(10,5)	—	37(8)
嘉兴	4020(13)	—	—
甘州(或张掖,甘肃)	5080(5)		28(8)
吉林	2882(3),2880(1),2245(4),2300(5)	29(6,3)	12(7)
九江	4600(5)	—	16天8小时
科布多	6280(9)	105(9)	—
固原	3480(5)	—	—
归化(译者按:原文作山西,应为内蒙古)	1160(5)	—	6(8)

续表

城市(官职)	到北京的距离/里	传递公文时限/天 A 步行	B 马匹
桂林(广西巡抚)	5469(3),4654(4),4909(1),7640(5)	55	24
贵阳(贵州巡抚)	4900(3),4755(4),4775(1)	49	28
莱州(山东)	1600(12)	—	—
兰州(陕甘总督)	4115(3),4009(4),4040(5),4035(1)	41	17,18(4)
雷州(广东)	9505(10)	—	44(8)
柳州(广西)	7830(5)	—	26天20.5小时
罗定(广东)	7860(10)	—	37(8)
龙岩(福建)	7120(14)	—	—
茂名,见高州			
奉天(盛京)	1500(3),1460(4),1470(5)	15	8
南昌(江西巡抚)	3196(3),3184(4),3225(1),4850(5),*4081(4),*4090(1)	32	18
南京(两江总督)	2261(3,7),2319(4)	23	13天8小时
宁夏(驻防将军)	4050(3)	40	23

续表

城市(官职)	到北京的距离/里	传递公文时限/天 A 步行	B 马匹
宁波	4640(5)	—	20
番禺,见广州			
保定府(直隶总督)	360(3,9),330(4)	4	3
上海	2899(16)	—	17(7)
盛京,见奉天			
山海关	670(3)	7	4(7,8)
绍兴(浙江)	4458	—	—
西安府(陕西巡抚,驻防将军)	2550(3),2540(4),2475(1),2650(5)	25	13
襄阳(湖北)	2620(5)	—	—
苏州(江苏巡抚)	2670(3),2743(4),2737(1),*3141(4),*3091(1),2729(5)	27	14天8小时
绥远(山西)	1125(3,9),1145(4)	11	6
宣化	340(11)	—	—
松江	2950(5)	—	14(8)
汕头,见潮州			
大同(山西)	720(5)	—	4(8)
泰安(山东)	1200(12)	—	—
台州(浙江)	4778(13)	—	—
太仓州(江苏)	2480(5)	—	—

续表

城市(官职)	到北京的距离/里	传递公文时限/天 A 步行	B 马匹
太原(山西巡抚)	1250(3,9),1200(5),1150(4),2095(1)	12	6
大理府(提督)	11450(5)	—	45
塔尔巴哈台	9624(9)	161(9)	—
滕州(山东)	1000(5)	5—8月22天,其他月份16天(7)	(7)
天津	250(5)	4(7)	3(7,8,9)
迪化,见乌鲁木齐			
汀州(福建)	5226	—	28(7)
青海	4960(13)	—	22
多伦诺尔	700(11)	—	—
济南(山东巡抚)	920(3),930(4),800(5)	9	5
齐齐哈尔,见黑龙江			
通州(江苏)	3695(5)	—	13(7)
独石口	420(11)	—	—
乌里雅苏台	4960(9)	83(9)	—
库伦	2880(4,9)	48(9)	—
乌鲁木齐	8890(5)	—	—
温州(浙江)	4690(13)	—	27(7)

续表

城市(官职)	到北京的距离/里	传递公文时限/天	
		A 步行	B 马匹
武昌(湖广总督和湖北巡抚)	2827(3),2690(4),2770(1),*4321(4),*4330(1),3150(5)	28	14 天 12 小时
扬州(江苏)	2275(5)	16(7)	13(7)
兖州	1230(5)	5—8月16天,其他月份12天(7)	(7)
永春(福建)	7145(14)	—	—
云南府(云贵总督和云南巡抚)	6025(3),5910(4),5930(1)	60	40

注意:本表信息基于上述资料,按城市的字母顺序排序[1],引用的数据均来源于其后括号内对应的资料。文献中给出的时间以 1 个时辰对应 2 个小时计算。

* 代表水路,与陆路加以区分。

这个表格中所给出的时限是按以下方式使用的。当一份公文离开原点时,根据条例,到达目的地的天数会被标注"于封面上"。当这份公文被目的地接收时,将到达所用天数与预先标注的天数进行比较。如果传递时间超过预期计划,就要查明是在哪个环节发生的延误,这一环节负责的官员会被罚款。[2]

从这个表格可以看出,驿夫步行一天传递的距离非常有规

---

[1] 译者按:原书作者采用威妥玛式拼音排序,此处以原书为准。
[2] 《兵部处分则例》卷 4,第 33 页。条例还规定了每件延误事件的罚金是一年的俸禄。

律性,平均 100 里,或者说 33 英里,而普通马匹一天传递的距离略小于 200 里,可以说是 190 里,或 63 英里。因此,如果每天工作 12 小时的话,步行传递的速度大约是每小时 2.75 英里,通过马匹传递的速度则会达到大约每小时 5.25 英里。由于飞递公文被要求日夜兼程地传递,所以一天 300 里的速度应该不难达到。

表 1.2 的编制是为了给使用表 1.1 提供帮助。当《筹办夷务始末》中出现省级官员的公文,或者他们在其他档案中作为具折人时,虽然给出了他们的官职,但是经常没有指明他们书写奏折的地点。因此,我们按省份罗列出每位可能具折上报外交事务的官员的常规住所,而这些住所与北京的距离可参见表 1.1。表 1.2 按照省份的字母顺序排序,显示了列表中的官员经常性处理来往公文的城市。此表格是依据《清史稿》(职官志 3—4,地理志 1—27),《嘉庆会典》卷 4,第 2b—4b 页,《光绪会典》卷 4,第 2b—5 页,白挨底著《中国的城市和乡镇:地理词典》等资料编制而成的,列出的官员如下(括注在《当代中国的政治机构》中的序号):

总督(第 820 号);

巡抚[第 821 号。除了特别注明,布政使(第 825 号)和按察使(第 830 号)与同省巡抚驻扎地一致)];

道台(第 838 号。道台经常管辖 1 个或多个府,表 1.2 选择列出的那些是最可能涉及外交事务的);

驻防将军(第 744 号);

提督(第 750 号)。

应该注意的是,在两种使用最为广泛的官方头衔手册中,布鲁纳特所描绘的是清末经过数次改革后的情况,所以里面所有细节对19世纪中叶而言并不准确,而梅辉立的作品并没有给出我们想要的官员驻地信息。

表1.2 省级官员驻地

省份	官员	驻地
安徽	两江总督(安徽、江苏、江西) 安徽巡抚兼提督职任	南京,江苏 安庆
浙江	闽浙总督兼福建巡抚 浙江巡抚 杭嘉湖道(杭州、嘉兴、湖州) 宁绍台道(宁波、绍兴、台州) 温处道(温州和处州) 杭州将军 浙江提督	福州,福建 杭州 杭州 宁波 温州 杭州 宁波
直隶	直隶总督兼管巡抚事;1870年后也兼北洋大臣之职 布政使 按察使 三口通商大臣(天津、登州、牛庄) 清河道(保定、河间、正定、易州、赵州) 热河道(承德、朝阳) 口北道(宣化、独石口、多伦诺尔厅) 天津关道(非守土官) 热河都统	保定;1870年后除隆冬时节,驻天津 保定 保定 天津,只在1861—1870年 保定 承德 宣化 天津,1870年后 承德
奉天	盛京将军	盛京

续表

省份	官员	驻地
福建	闽浙总督兼福建巡抚 台湾巡抚 福宁道(福州、福宁) 兴泉永道(兴化、泉州、永春) 汀漳龙道(汀州、漳州、龙岩) 福州将军兼闽海关 福建提督	福州 福州,1875年后改驻台北府(译者按:应为1885年) 福州 泉州 漳州 福州 福州
黑龙江	黑龙江将军	齐齐哈尔
河南	河南巡抚兼提督事	开封
湖广	湖广总督(湖南和湖北)	武昌
湖南	湖广总督(如上所示) 湖南巡抚 湖南提督	武昌,湖北 长沙 辰州
湖北	湖广总督(如上所示) 湖北巡抚 湖北提督	武昌 武昌 襄阳
热河	见直隶	见直隶
甘肃	陕甘总督兼甘肃巡抚 宁夏将军 甘肃提督	兰州 宁夏 张掖

续表

省份	官员	驻地
江南	（原来是两江省份之一，在康熙时期被划入安徽和江苏，一些官职称谓保留旧称，以下官职与江苏省列表中一致） 江宁将军 江南提督 江海关监督	 南京 松江 上海
江西	两江总督（江苏、江西、安徽） 江西巡抚兼提督事	南京，江苏 南昌
江苏	两江总督（江苏、江西、安徽）兼南洋大臣 江苏巡抚 常镇通海道（常州、镇江、通州、海门） 徐海道（徐州、海州） 淮扬道（淮安、扬州） 苏松太道（苏州、松江、太仓州）兼管海关事 江宁道 江宁将军 江南提督	南京 苏州 镇江 徐州 淮安 苏州 南京 南京 松江
吉林	吉林将军	吉林
广西	两广总督（广东和广西） 广西巡抚 广西提督	广州，广东 桂林 柳州

续表

省份	官员	驻地
广东	两广总督(广东和广西)	广州
	广东巡抚	广州
	惠潮嘉道(惠州、潮州、嘉应州)	汕头
	高雷阳道(高州、雷州、阳江)	茂名
	琼海道(海南岛、崖州)	琼州
	广肇罗道(广州、肇庆、罗定、佛冈、赤溪)	番禺
	广州将军	广州
	广东提督	虎门
	粤海关监督	广州
	琼海关监督	琼州
贵州	云贵总督(云南和贵州)	云南府,云南
	贵州巡抚	贵阳
	贵州提督	安顺
两湖	见湖广	见湖广
两江	两江总督(江苏、江西、安徽)	南京
两广	两广总督(广东和广西)	广州
闽浙	闽浙总督(福建和浙江)	福州
蒙古	乌里雅苏台将军	乌里雅苏台
	库伦办事大臣	库伦
山西	山西巡抚兼提督事	太原
山东	山东巡抚兼提督事	济南
	登莱青胶道(登州、莱州、青州、胶州)	青州
陕甘	陕甘总督	兰州

续表

省份	官员	驻地
陕西	陕甘总督	兰州
	陕西巡抚	西安
	陕西提督	固原
新疆	新疆巡抚	兰州(译者按:应为迪化)
	新疆提督	乌鲁木齐(或迪化)
	伊犁将军	惠远城
四川	四川总督	成都
	四川提督	成都
西藏	驻藏大臣	拉萨
云贵	云贵总督(云南和贵州)	云南府
云南	云贵总督(云南和贵州)	云南府
	云南巡抚	云南府
	云南提督	大理

对于飞递的管理有别于普通的驿马传递,具有严格的规定。普通公文的发送不能使用飞递形式。[1]

现在仍需注意的是在上述邮递设施和中央政府之间介入的

---

[1] 违反这一规定在乾隆朝被处以降三级的处罚,在嘉庆后期被处以降两级处罚。参见《乾隆会典则例》卷121,第35b页;《兵部处分则例》卷24,第11页。"各省督抚等寻常咨商文移,皆由塘铺各兵递送,不得擅用马递。凡军机处交出公文,金马上飞递者,定限日行三百里。遇有加急事件,始以日行四百里、五百里、六百里字样加金。外省督抚奏折应行差人斋递者,不得擅用驿马。"这些规定将飞递的使用减少到最低限度,例如一道谕旨以每天 600 里的速度发送出去后,并不一定要以同样的速度传递回复(《嘉庆会典》卷39,第31a页)。

第一章 论清代公文的传递

机构。谕旨是如何在邮递线路上开始行程的？章奏在到达北京后是如何送达御前的？

先从普通的例行文件开始，总体而言，驿夫步行传递事宜由驻京提塘官负责。清代共有驻京提塘官16人。[1] 作为其所属省份的代理人，提塘官负责将公文从省政府传送至在京部院或各衙门，再将在京部院的公文发送到省内。他们也为各省管理塘报事宜。[2] 类似地，清代也有16位驻省提塘，他们反向开展工作，向北京传递公文，并向省政府分发从北京收到的公文和抄录的塘报。[3]

在所有驻京提塘官接到的题奏公文中，只有一部分是呈给御前决断的。清代关于普通和常规性内容奏报的程序承继自明代，因为这一点并非我们直接关注的重点，所以仅会简要提及。这些公文统称为题本[4]，被送交至位于西长安街的通政司[5]，在明代它就负责接收所有呈交给皇帝的题奏公文，负责检查这些公文是否符合规制，若有违制或遗漏则会考虑给予处罚，如果

---

[1] 包括：直隶、山东、山西、河南、江南、江西、福建、浙江、湖北、湖南、陕西和甘肃、四川、广东、广西、云南和贵州，漕运总督和河道总督（漕河两职设1位提塘官）。这些提塘官由各省督抚将本省武进士及候补、候选守备咨部充补，并置于兵部的管控之下。参见《嘉庆会典》卷39，第33b页。

[2] 更具体地说，驻京提塘官的职责包括以下内容：(1)各省咨送各部院公文及各部院咨行各省公文皆由塘交发；(2)送敕印以达于本官；(3)凡文件传抄者则刊发，这一部分包括了谕旨及题奏，按规定文件由提塘官亲赴六科或稽察房（梅辉立编，白挨底修订：《中国政府：名目手册》，上海，1897年，第188页）抄录、刊刻、转发。这种称为塘报的出版物是著名的《京报》的基本形式，抄本被送到省内督抚处。刊本也会被制作副本，并在省内再版发行。参见《嘉庆会典》卷39，第33—34页；库寿龄（Samuel Couling）：《中国大百科全书》（The Encyclopedia Sinica），1917年，第429页。

[3] 布鲁纳特、哈盖尔斯特洛姆著，贝勒申科、莫兰翻译：《当代中国的政治机构》，上海，1912年，第435b页。戈公振：《中国报学史》，上海，1928年，第41页。

[4] 在朝廷中使用的各种形式公文的主题是复杂的，我们打算在之后的文章中专题处理这一问题。

[5] 《顺天府志》(1884)卷7，第8页。

公文符合规制,就将它们转送内阁。[1] 因为内阁的重要性自1730年建立军机处后被削弱了,所以内阁几乎不处理任何重要的外交事务,而其处理公文的方式也不必深入探讨。

通过飞递传送和由军机处办理的重要公文,包括外交事务,都由在京的几个不同机构协同处理。在兵部车驾清吏司之下有一个在京机构叫会同馆[2],它负责北京的皇华驿(中央驿站)。[3] 同样在兵部车驾清吏司之下,还有一个机构叫捷报处,它具有接收飞递公文,将其从朝廷向内外传递的特殊功能。奏事处负责接收来自各省通过飞递传递的题奏。奏事处要检查奏章是否符合规制,如果没有问题,就将它们交给军机处以向皇帝进呈。[4]

在这些机构中,捷报处在传递公文的过程中发挥着主要作用。"凡军机处寄信、批折皆加封而交发焉。军机处交出奉旨字寄密封,由本处加兵部钉封,外加夹板,发兵部差官分交下站驰递。其各省驰奏之折奉朱批后,由军机处发回者,或报匣,或夹板,亦由本处加封发递。"[5]

在承担这一使命时,捷报处依靠同皇华驿的协同合作,因为前者要从(后者)那里获得必要的驿马。皇华驿"每日拨马以备车驾司、捷报处之差,照勘合、火牌填给夫马之数,应付驰驿官

---

[1]《历代职官表》(1783),四部备要本,卷21,第3a页。
[2] 应该与礼部下属负责朝贡事宜的会同四译馆做区分。
[3] 会同馆保持有驿马五百匹,马夫二百五十名,车一百五十辆,车马一百五十匹,车夫一百五十名。每年维护费用由户部承担。参见《嘉庆会典》卷39,第32—33页;《康熙会典》卷100,第1页;《雍正会典》卷141,第1页。
[4]《嘉庆会典》卷39,第32—33页。根据梅辉立的研究,当军机处官员没有亲自汇报时,奏事处也负责皇帝和军机处之间的信息沟通。
[5]《嘉庆会典》卷39,第32页。

第一章 论清代公文的传递

役。照火票填注里数,应付笔帖式差官驰报"。[1]

根据上文所给出的官方规定的概要,我们现在可以尝试重建处理外交事务时通常遵循的程序。随着研究的进展,这幅图景可能随时会有所变化,但其大体轮廓似乎是确定的。政策的决定通常是由皇帝和军机处共同做出的。这一决定的结果以皇帝谕旨的形式呈现。这类谕旨也成了军机处发送给省级官员公文中的内容。这类公文传递先由军机处密封交给捷报处,捷报处将公文放于夹板或报匣之间再次密封后准备传递。大约在这个时候,会发放火牌,由驿夫携带以便传递公文,同时也会给驿夫一张火票附贴于其后,特别注明传递路线和速度。[2] 黄骅驿为这两类公文传递提供所需马匹和其他设施;根据推测,传送公文的驿夫可能来自捷报处。一名驰递者似乎不可能参与一份飞递公文传递的全程;但是对这一内容我们缺少相关信息。相反方向上,从省内到京的公文传递要遵循的程序大体类似,在公文到达军机处和皇帝手里之前,这些奏章要先从捷报处交由奏事处查验。

---

[1]《嘉庆会典》卷39,第32页。这段文本过于简略。各种机构的关系可以参见下图:

```
        兵部        内务府      军机处
          |           |           |
      车驾清吏司    奏事处
          |_____|
          |      |        |
        提塘官  会同馆  捷报处
              皇华驿
```

没有迹象表明提塘官参与了飞递公文和由军机处办理的公文的传递。

[2]《嘉庆会典》卷39,第23b页,"凡差给驿者,皆验以邮符:曰勘合,曰火牌"。《嘉庆会典》卷39,第27a页,"凡驿递,验以火票"。

第二节　1842—1860年间公文传递的实际速度

上述数据都是根据官方条例规定得出的,实际的执行是否符合这些规定还有待观察。涉及外交事务的公文,其传递速度在多大程度上比规定速度快？在危急之时,公文能以多快的速度传递？

为了回答这些问题,至少有两种材料可供利用。一种是1930年北平故宫博物院出版的档案合集,上文引用过,叫作《筹办夷务始末》。遗憾的是,这些出版的关于外交事务的档案都是19世纪后半叶编纂以供朝廷所用,省略了每份奏报的书写日期。整个系列都按照公文被皇帝阅览或发出谕旨的日期排列。因此,只有在有内部证据的情况下,才可能推断出特定奏章的书写日期。在一些案例中,从证据中可能计算出传递一份奏报到北京,或一份谕旨到各省的时间。表1.4列出了收集的证据。

另外一种是被存留在档案中的材料,幸运的是,从各省收到的题奏原件上,都有发送和接收这些公文的日期标记。在《筹办夷务始末》出版后,清华大学的蒋廷黻教授抄录了未出版的有关外交事务的档案,作为对《筹办夷务始末》的补充。下面的表1.3就是以这些档案为基础构建而成的。值得注意的是,在这些未出版的档案中,被认为需要以最高等级传递的重要公文很少。所以,档案中已发表的公文,明显传递速度更快。

表1.3显示了1842(含)—1861(含)年间各省向军机处传递公文花费的时间。所给出的数据是从《筹办夷务始末补遗》中摘录的,它的使用得到了曾任清华大学历史系主任的蒋廷黻教授的许可。这些未刊的档案抄本大多包含了两个日期,第一

第一章　论清代公文的传递

个是写于奏章概要开篇处和结尾处的日期,这显示的是奏疏呈交御览的日期,第二个是在奏章结尾之后单独列出的日期,它指的是这份奏章被具奏人发送的日期。在出版的奏章档案中,只有前者(第一个日期)被复制了;因此,这些补遗档案提供了从出版档案中无法获取的数据。在这个出版辑中,包含事例少于5个的几个省份被省略了。很明显,这个表格中分析的事例总数太少,无法进行准确的统计分析。因此,在图表"平均时间"和"最常见时间"下的数据只是为了给出一个粗略的印象。但是基于此,表格的数据也并非没有价值。在表格的最后一栏中,括号中的数字表示前一个数字——表示消耗的天数——在我们根据档案汇总而来的列表中出现的次数。除了最后一栏和前三栏,其他数字均代表天数。对外贸易(foreign trade)和外交事务(foreign affairs)之间的区别代表了传递有关贸易和外交公文时在时间上的显著差异。海关报告通常需要更长的时间到达北京和得到处理。地名通常代表了驻扎在此地的官员发送的所有公文。但是公文本身并没有标明它们的寄出地点,因为一些官员在太平天国起义期间被抽离其驻地。显然基于这个事实,这个表格中包含了一些无法纠正的错误。然而,这些官员很少被调到距离他们常规驻地所在省份很远的地方;我们的数据总体上没有显示出在太平天国起义期间公文传递时间有任何明显的延长。

表 1.3　1842—1861 年间各省向军机处传递公文的耗时

省份	城市	主题	案例数（个）	最快时间（天）	最慢时间（天）	平均时间（天）	最常见时间（天）/次（次数）
广东	广州	外交事务	30	18	41	20.5	20(9)
		对外贸易	40	19	81	43.3	37(5)
福建	福州	外交事务	19	15	47	27.5	15(3),30(2)
		对外贸易	40	29	128	58.1	30,33,34,43(2)
浙江	杭州	外交事务	15	6	22	9.5	7(5)
		对外贸易	17	17	81	29.8	22(3)
江苏	南京	外交事务	20	10	25	12.4	10(4)
		对外贸易	7	13	38	23.2	—
	上海	外交事务	5	7	14	10	9(2)
		对外贸易	3	18	38	25	—
	苏州	只有对外贸易	17	13	25	17.7	15,19(3)
直隶	天津	外交事务	13	1	3	1.3	1(10)
		对外贸易	32	2	10	3.2	3(23)
	山海关	外交事务	4	4	8	5.5	4(2)
		对外贸易	2	10	29	—	—
黑龙江	瑷珲	只有外交事务	10	6	26	9.3	7(6)
新疆	伊犁	外交事务	4	32	37	34.7	—
		对外贸易	2	40	47	—	—
			总数 280				

表1.4显示了1842(含)—1860(含)年间北京与省级官员通信所耗费的时间。表格是根据出版的《筹办夷务始末》中的奏章和谕旨整理而成的,并涵盖了文集中在所示日期之间的所有公文。通过比较呈送给皇帝的奏章和下发谕旨中的日期——有些日期在这些出版档案的开头部分,有些日期在档案正文中——可以归纳出三类数据:1)从军机处接到谕旨再到各省官员收到公文所耗费的天数,即从北京到省内的时间;2)从省内收到一份谕旨到向皇帝回奏所耗费的天数,即一份回奏公文从省内到北京的时间;3)从北京下达谕旨到省内回奏皇帝所耗费的天数,即从北京出发又回到北京的来回时间。如同表1.3一样,表1.4的样本数也太少以至于无法进行准确的数字分析。同样显而易见的是,第2类和第3类的时间数据,需要在某种程度上考虑回复一份谕旨需要的准备时间;毫无疑问,所给出的数字要大于传递回奏公文的实际天数,但是我们不知道具体长多少天。也许这些数字的确已经考虑了有时处理公务的速度,这也是对准确性有补偿作用的。对于研究档案的学生而言,似乎没有必要解释在部分档案主体中发现的内部证据的类型,它们已经被拿来使用了。对于其他人而言,可以概括地说,公文风格的优点之一在于:所有我们讨论的档案都一丝不苟地记录了皇帝颁发或官员接到谕旨的日期。仅此一点就使得下面的迂回分析可能成立。省名代表了这些省的高级别官员,几乎每个省出现在案例中的都是总督或巡抚。

表 1.4　1842—1860 年间北京与省级官员通信的耗时

省份	日期类型	样本数（个）	最快时间（天）	最慢时间（天）	平均时间（天）	最常记录时间(天)/次(次数)
广东	1)	7	15	49	24	15(3)
	2)	9	26	77	45.2	37,50(2)
	3)	21	29	188	80.1	—
福建	1)	4	15	20	16.5	15(2)
	2)	9	14	55	37	49(2)
	3)	9	29	159	62.7	29,36(2)
浙江	1)	20	6	23	8.3	7(11)
	2)	24	7	40	18	11(3)
	3)	24	13	51	25.7	17(3)
江苏	1)	21	3	58	13.6	5,6,7(3)
	2)	28	6	42	20.4	7(4)
	3)	55	10	97	35.4	11(4)
安徽	1)	3	6	11	8	—
	2)	5	7	26	12.4	—
	3)	6	12	26	16.6	—
直隶	1)	32	1	15	2.6	2(16),1(7)
	2)	39	2	20	6.7	3(8)
	3)	42	3	95	10.5	3(9),4(7)
山东	1)	2	5[1]	4	4.5	—
	2)	5	6	14	8.4	7(2)
	3)	8	8	158	14.7	11(3)

续表

省份	日期类型	样本数（个）	最快时间（天）	最慢时间（天）	平均时间（天）	最常记录时间(天)/次(次数)
奉天	1)	11	4	10	6.6	5(4)
	2)	15	10	29	14.6	15(3)
	3)	12	8	65	20.5	8,15,17(2)
吉林	3)	5	11	42	26.4	—
察哈尔	1)	5	2	3	2.4	2(3)
	2)	5	3	12	7.2	—
	3)	5	4	14	8.6	8(2)
		总数 431				

1. 译者按:此处最快时间比最慢时间还多一天,似有误。但原文如此。

从这些表格中,我们可以推断出公文在广州与北京之间常规性的传递时间是 15 天,在南京和北京之间是 5 天。1842 年记录的南京和北京之间的传递耗时仅 3 天,是一个孤立的个案。我们可以假设,在必要的时候,其他地方和北京之间按照距离所需的通信等比时间,是可以被建立起来的,但要排除广东、福建和其他交通困难的区域,这些地方公文传递速度要慢于规定时间。因此,如果我们在计算速度时不考虑任何一端处理公文所需的时间,可以发现从广州出发的最高速度纪录是一天 375 里,从南京出发大约一天 730 里——按记录的 3 天时间计算,或者 440 里——按 5 天时间计算。[1]

---

[1] 观察所得最高速度计算如下。在一些案例中,济南和北京之间没有紧急公文传递。根据表 1.1 所示,在北京和广州之间的公文传递耗时 15 天,即一天 375 里。北京和其他城市速度如下:福州 15 天,一天 320 里;杭州 6 天,一天 510 里;上海 7 天,一天 400 里;南京 3 天,一天 730 里;安庆 6 天,一天 430 里;济南 5 天,一天 180 里;天津 1 天,一天 250 里;盛京 4 天,一天 375 里;瑷珲 6 天,一天 550 里;伊犁 32 天,一天 310 里。

档案里的记载显示出 300 里以上的速度并不经常出现,它们的使用会在公文末尾加上"由驿驰奏",这表明需要 300 里的速度,或是标注"400 里驰奏""500 里驰奏""600 里密奏"等。最后,虽然在官方规定中没有提及这一速度,但是谕旨也会以一天 800 里的速度传达。这样的例子并不多见,但是其使用很广泛,足以显示出一天 800 里的速度是建立在既定程序上的。[1] 几乎每个驰递的实例(包括 800 里),都是在奏章而非谕旨中提到;这反映出在没有获得授权的情况下省级政府无权使用驰递,但这并不一定表示在军机处给省内传达御令时较少使用。

我们没有发现一天 700 里速度的事例,也没有迹象表明一天 800 里的速度在公文传递时何时首次使用。由于缺乏数据,我们无法以任何常规方式将不同的速度和传递所需天数联系起来。[2]

总而言之,只能说在 1842—1860 年清朝官方的驿递服务达到了惊人的程度,符合整个 19 世纪规章中设定的标准。在很多事例中,公文传递的速度比我们想象的更快,也快于当时西方观察者所意识到的。由于这些数据主要是为了帮助学生解决档案中出现的特定问题,所以进一步的评论似乎并无必要。

---

[1] 一些事例参见《筹办夷务始末》道光朝卷 48,第 5a 页(由 600 里或 800 里加急驰奏),1842 年 5 月 25 日上谕。《筹办夷务始末》道光朝卷 55,第 3b 页(省内以 800 里驰递),1843 年 7 月 23 日接到奏章。《文宗显皇帝圣训》卷 16,第 1a 页,1853 年;卷 17,第 6a 页,1856 年。

[2] 当然,在当代西方观察家的著作中,我们可以找到许多关于朝廷邮递的事例以供参考。在 1794 年,一份从广州发出的奏报以每天 500 里的速度传递,而针对它的回复在 30 天内以每天 600 里的速度从北京发出[戴闻达著:《1794—1795 年荷兰赴华使节记》(J. J. L. Duyvendak, "The Last Dutch Embassy to the Chinese Court 1794-95"),《通报》第 34 期,1938 年,第 19 页,第 34 节]。马嘎尔尼(Macartney)在 1793 年被告知文件可以在 10—12 天内传递 1500 英里[罗宾逊(H. Robbins)著:《我们的第一任驻华大使》(*Our First Ambassador to China*),伦敦,1908 年,第 350 页]。虽然在 1842—1860 年间西方文献中类似的记载成倍增加,但是其准确性经常无法保证。

第二章
论清代公文的种类与用途[1]

第一节 导论

本文正如上一章"论清代公文的传递"[2]一样,是为了帮助从事中国近代史研究的美国学生而写作的。这些可资利用的中文档案[3]中展现出的一些问题,与西方档案中所呈现的并不在同等程度上,这令每一个学生都感到很不适应。在上文中,奏折日期的问题已经被讨论过了,而许多更加困难的问题则留待后来人解决。总体上说,虽然现在有清代档案可资利用,但是我们缺少对于产生这些档案的清代行政机构的知识。就像几个世纪以来的观察者一样,我们不得不接受皇帝的言辞,但却不清楚这些言辞是由谁起草的,也不知道它们是如何获得批准的。显然,在我们对朝廷政策做出评价前,必须了解它是如何制定的。作为朝着这个方向迈出的一步,本研究探讨了中央行政部门在

---

[1] 我们非常感谢康奈尔大学的毕乃德(K. N. Biggerstaff)教授在本章第五节准备工作时给予的帮助。
[2] 《哈佛亚洲研究学报》第4期,第12—46页。
[3] 已经出版的主要的清代文献在所有中文图书馆都有,在本章第四节按罗马字母顺序列出(译者按:原书依据此排序,译文以原书为准,不再调整),包括了在后面参考文献中缩写的标题。

处理提交给它的公文时所遵循的程序问题。

毋庸置疑,我们在这里关注的是一个非常复杂的行政系统,其经过了几个世纪的积累,虽然其中一部分在1900年之前就已经趋于衰败,但是所有这些行政系统都正式存续到1900年以后。这一行政系统的结构大体上已在《大清会典》[1]中如实地反映出来,从中我们可以了解中央行政机构——内阁和军机处[2],以及其他在京衙门的组成和职责。另外,这些机构的实际功能彼此密切相关,但却少有研究。[3] 迄今为止,我们的注

---

[1] 下文引用的《大清会典》版本是按照它们出现的朝代划分的,即《康熙会典》(1690年刊行),《雍正会典》(御制序文时间是1732年),《乾隆会典》和《乾隆会典则例》(两部都在1764年完成),《嘉庆会典》和《嘉庆会典事例》(两部都在1818年编纂完成),《光绪会典》和《光绪会典事例》(两部都在1899年刊行)。这些版本在处理一些事务时的规定有显著差异。总体而言,康熙和雍正版在内容上相近,乾隆版则与前两版有较大不同,嘉庆和光绪版本基本一致。因此,各种版本的《大清会典》为研究清代行政的演进提供了充足的资料。我们以《嘉庆会典》(1818)作为研究基础,以《光绪会典》(1899)为参考。

[2] 官方名称的翻译依据《当代中国的政治机构》(布鲁纳特、哈盖尔斯特洛姆著,贝勒申科、莫兰译,上海,1912年)。这本内容丰富的手册中包括了很多在1911—1912年革命之前创设的短暂的名称。《中国政府:名目手册》(梅辉立编,白挨底修订,上海,1897年)虽然更简略,但却更加准确地反映了19世纪清朝官方机构的名称。

[3] 谢保樵所著《清代政府概况》(1925年,第68—87页)总结了《光绪会典》中与本文相关的部分内容,并包含了许多有价值的数据。但是由于缺少索引,所以它作为参考书的实用性大打折扣。罗马数字和脚注在形式上也并不完善。但这部由谢保樵编纂的著作应该被铭记,因为它是《清史稿》和大多数档案辑出版之前的一部先驱之作。

第二章　论清代公文的种类与用途

意力还主要集中在考证它们所遗留下的大量档案上。[1]

将《大清会典》和其他档案综合起来,我们就有机会研究奏折和其他公文的运行,因为它们在上呈和下达的过程中在京城经过了一系列的政府机构。在这些常规性公文传递过程中,它们以副本、摘要或官方登记的词条及其他记录形式进行标注,而每一步都有一个特殊的名称。此外,各种原始和复制的奏章,依据它们的性质和皇帝对它们所采取的处理方式,在不同分类条目下被区分和储藏。再加上其他类型的信件和账目,人们会发现在像军机处这样的重要机构下,档案被划分为155个条目也就不足为奇了。如果将英国档案局中的英文档案按照它们是否被君主阅览、是否被带入内阁会议等条件进行细分和归类,那么就可能会产生类似的状况,而每一个类别也都有不同的名称。

档案中的类别划分密切地反映出实际行政过程中所遵循的程序。简而言之,要了解决策是如何做出的,就必须了解在这一过程中产生的公文的类型,这两个问题是密不可分的。因此,我

---

[1] 在过去十年间,有很多关于清代档案的著述,但是却没有提及档案的运转程序。以下文章更有价值,张德泽著:《军机处及其档案》,《文献论丛》第2部分,北平:故宫博物院,1936年10月,第57—84页。赵泉澄著:《北京大学所藏档案的分析》,《中国近代经济史研究集刊》第2卷第2期,1934年5月,(明清政府档案专题)第222—254页。方甦生著:《清代档案分类问题》,《文献论丛》,北平:故宫博物院,1936年10月,第27—48页。徐中舒著:《中央研究院历史语言研究所所藏档案的分析》,《中国近代经济史研究集刊》,第169—221页。徐中舒著:《内阁档案之由来及其整理》,《明清史料·甲编》,第1—14页。徐中舒著:《再述内阁大库档案之由来及其整理》,《中央研究院历史语言研究所集刊》第三本,第537—576页,北平,1934年。凯斯特·赫尔曼·科斯特(Koester Hermann Köster)著:《北平故宫博物院》("The Palace Museum of Peking"),《华裔学志》(Monumenta Serica)第2卷,1936年7月,第167—190页。单士魁著:《清代题本制度考》,《文献论丛》第2部分,北平:故宫博物院,1936年10月,第177—189页。单士元著:《清代档案释名发凡》,《文献论丛》第2部分,北平:故宫博物院,1936年10月,第147—154页。单士元著:《故宫博物院文献馆所藏档案的分析》,《中国近代经济史研究集刊》,第270—280页。邓之诚著:《谈军机处》,《史学年报》第2卷第4期,第193—198页。

们在本章第五节中给出了主要公文的目录，而在之前的章节中则尝试概述内阁和军机处的行政程序。翰林院和其他一些礼仪性而非政治事务性的机构活动只会间接地触及。

为了便于读者理解，我们可以注意到，在形式上，行政主动权通常掌握在皇帝的大臣们手中，而不是皇帝本人。各种类型的事务，无论大小，都会首先在上呈皇帝的奏章中提及，朝廷随后采取行动。奏章有不同的类型，针对它们，朝廷可能下达不同类别的谕令。下文中最常见的类型有：(1) 批；(2) 旨，通常较长；(3) 谕，这是一种独立性公文。（前两者都写在原始奏章之上。对于以上公文和其他类型公文对应的英文名称，将在本章第五节逐项解释。）朝廷的这些谕令被认为是重要的，不仅是因为它们开启了国家运转的车轮，而且在更大程度上它们代表了皇帝的神圣。正如在提及皇帝或是与他相关的事务时，必须在常规行文之上抬头 1—3 个字书写，皇帝的所有言论都受到非凡且虔诚的关注。这种态度，加之皇帝无上统治权的事实，提供了一个与西方行政程序上的鲜明反差。因此，中文"谕旨"经常被笼统地对应为西方的指令，但要说二者是完全对等，那是不正确的。

第二节　内阁的处理流程

简而言之，内阁是从明朝承继而来的一个机构，在 1729 年军机处设立之前，它是清王朝的最高行政机构。[1] 在军机处成立之后，以及整个 19 世纪期间，虽然内阁持续发挥着功用，但只

---

[1] 关于 1729 年的日期，参见第 51 页注释[1]。

第二章 论清代公文的种类与用途

是作为次等重要机构处理着常规性事务。[1] 虽然内阁作为一个决策机构已变得不那么重要了，但是它依然是日常行政的最高层次。因此，关于内阁的运行细节被仔细地记录在各版本《大清会典》中，这也为本研究提供了一个方便的起点。就本文而言，除了可以归于本章第五节的一些公文类型，内阁的各种仪式性和礼仪职责将被忽略。

对于像就职典礼这样的行政事务，清朝有两种基本的公文类型，即题本和奏本（也称为奏折）。（译者按：奏本与奏折二者不同，作者此处写作有误。）二者之间的差异并不总是很明显，

---

[1] 叶凤毛所著《内阁小志》（1765年刊行）描述了内阁下属的各办事机构，它们坐落于紫禁城午门内的东南区域。他的著作列表中忽略了《嘉庆会典》和《光绪会典》中记载的2个官衙，但却包括了6个没有在《会典》中出现的机构，其中就包含军机处，严格来说它最初只是内阁的一个分支机构。《光绪会典》中记载的12个内阁下属机构如下：

1. 典籍厅，分为南、北厅两个部分。北厅大体上负责有关皇帝的事务，而南厅大体上负责关于其他政府机构的事务，并且负责掌握内阁所有文稿关防的使用。2. 满本房。3. 汉本房。4. 蒙古房。5. 满票签处。6. 汉票签处。7. 诰敕房。8. 稽察房。9. 收发红本处。10. 饭银库。11. 副本库。12. 批本处。

大多数这些机构的功能将在下文和注释中出现。

我们下面选取的材料源自一位研究此领域的杰出学者。[1]

---

[1] 单士魁的引语和评论可以总结如下：明初洪武十五年(1382)规定有启本、奏本和题本之分，臣民具疏上奏朝廷者为奏本，上奏太子者为启本。后以在京诸司奏本不便，凡公事用题本……

根据明朝定制，"凡内外各衙门一应公事用题本，其虽系公事，而循例奏报、奏贺，若乞恩，认罪，缴敕，谢恩，并军民人等陈情，建言，申诉等事，俱用奏本……"（《明会典》卷212。译者按：此注释引文内容参考单士魁《清代题本制度考》(故宫文献论丛抽印本，1936年，第2—5页)。）因此很显然，明朝奏本的使用多于题本。

清初仍明之旧，至雍正三年(1725)，始更厘订，"雍正三年覆准，题奏事例，理应划一。令各省督抚提镇，嗣后钱粮、刑名、兵丁、马匹、地方民务所关大小公事，皆用题本，用印具题。本身私事，俱用奏本，虽有印之官，不准用印。若违题奏定例，交部议处"（《光绪会典事例》卷13，第4b页，第6行）。

更加详细的规定在1729年颁布，"嗣后举劾属官及钱粮、兵马、命盗、刑名、一应公事，照例用题本。其庆贺表文，各官到任、接任、离任、交任，及奉到敕谕颁发各直省衙门书籍，或报日期，或系谢恩，并代通省官民庆贺称谢，或原案件未明奉旨回奏者，皆属公事，应用题本。至各官到任、升转、加级、记录、宽免、降级，或降革留任，或特荷赏赉谢恩，或代所属官员谢恩者，应用奏本，概不钤印"（《光绪会典事例》卷1412，第4页，第9行）。

因此，在这些规定中的主要区别就是奏本不能在文稿上钤盖官印，而题本应被钤印，并书写标题于题本之上。至1748年之前，公事用题本，私事用奏本。

1748年，一次关于题奏的彻底变更被试行。在一份1748年的上谕中宣称，题本和奏本形制沿自明代，"盖因其时纪纲废弛，内阁通政使司借公私之名，以便上下其手。究之同一人告，何必分别名色。著将用奏本之处，概用题本，以示行简之意"（《乾隆会典则例》卷2，第3b页，第7行）。

然而，这次改革并没有成功，奏本得以继续使用。在1750年，朝廷给各省督抚颁布的一份特别的上谕中称"各省督抚参劾不职属员，或请革职，或请休致，或请降补改教，皆地方公务，并非应行密办之事，理应缮本具题，方合体制。近来督抚有先具折奏闻，声明另疏题参者，尚属可行。而亦竟有以折奏代具题者，究于体制未协。着通行各省督抚，凡遇此等参奏，概用题本，以昭慎重"（《光绪会典事例》卷13，第7a页，第9行）。

在1795年，由于题本和奏本的使用依然没有统一，因此朝廷决定对关于常规性事务的奏本予以废止，改用题本代替。在1795年8月9日的一份议奏中称"各省督抚办理地方事务，凡事关奉旨，或命盗邪教重案及更定旧章，关系民瘼一切紧要事宜，自应随时具奏。若寻常照例事件，俱有案册档可查，毋庸专奏滋扰。乃各省办理未能划一，有循例具题者仍复具折陈奏者，有各省具题达而一二省独用折奏者，亦有命盗案件已结，其案内续参人员，即可一律题参，仍复有具折劾奏者。又如丞倅牧令，题升请补，如有实系缺，原准专折奏请，其余寻常之缺，自应循例具题。即间有人地相需，历俸未满者，不妨于疏内声明，而督抚等因有专保之例，率行纷纷折恳，亦应饬止"（《高宗实录》，1795年8月9日）。

这样看来，奏本似乎在每一次被试图废止时，都侥幸逃脱。与之同时，题本被继续使用，但至少在乾隆朝之后，它们的使用还没有达成统一。

第二次尝试改革是1901年刘坤一和张之洞上奏试图废止题本。"查题本乃前明旧制，既有副本，又有贴黄，兼须缮写宋字，繁复迟缓。我朝雍正年间，谕令臣工将要事改为折奏，简速易览，远胜题本。五十年来，各省已多改奏之案。是年冬间，曾经行在部臣奏请将题本暂缓办理。此后拟请查核详议，永远省除，分别改为奏咨……"（《东华录》，1901年10月2日。）

单士魁总结道："按上述张之洞等奏请废除题本，并未见诸实行。今内阁大库尚存光绪二十九年之题本足资证明。"另外，《清史稿·职官志二》（第6b页，第12行）记载，通政使司在1902年因改题为奏，职无专司，遂被裁撤。

阅读至此处的读者可能会同意，关于题本和奏本的研究是一个棘手的课题。

第二章　论清代公文的种类与用途

从中我们可以看出题本主要关注地方日常事务,并在文稿上钤盖官印;奏本主要关注国之大事或具折人的私人事务,无需钤盖官印。(已出版的19世纪涉及外交事务的奏章常用奏本。)在实践中,日常上呈内阁的常规性行政公文是题本。日常上呈军机处的关于重要事务的公文是奏本。关于题本形式的奏疏和内阁之间的联系,我们还没有发现这类公文均需上呈内阁的成文规定。但是因为两者都主要关注日常事务、季节奏报和账目等事宜,所以送到内阁的奏疏常使用题本,因此这些事情是要首先交内阁考虑的。

以下内容按照日常事务和重要事务作为二分的关键[1],粗略地绘制如下,以供读者参考:

	日常事务	重要事务
奏疏形式	题本	奏本
首先呈递(给)	通政使司或内阁	奏事处
最先阅看	内阁	皇帝
给处理建议	内阁	军机处
决议下达公文形制	谕旨或朱批	上谕或谕旨或朱批

经由内阁最终呈递给皇帝的题本有两个来源:(1)在京衙门,(2)在省衙门。在京衙门包括六部和下属的各院、府、寺、监。源自这些机构的题本称为部本。在省衙门包括总督、巡抚、驻防将军等,而源自这些渠道的题本要通过驿传邮递[2]和通政司,故被称为通本。对于题本处理流程的分析必须从来自各省

---

[1]　龚自珍著《上大学士书》,收录于《定盦文集补编》卷3(第5页,第7行,四部丛刊版)载:"军机为谕之政府,内阁为旨之政府,军机为奏之政府,内阁为题之政府,似乎轻重攸分。"
[2]　关于公文传递到京的驿传系统论述,参见第37页注释[2]。

到达的通本开始。

1. 来自各省的通本先被送到通政司,在此题本首先会被检查文稿格式,然后被转呈内阁。

在形式上,题本必须符合每页行数和字数,以及特定敬称抬格的规定。在开篇注明具奏人的职衔和名字,在结尾写清呈送的日期。题本应该被钤盖具奏人的官印,并在最后附上一个关于上奏内容的独立摘要(贴黄)。[1] 如果贴黄丢失,那么通政司将会进行补充。[2] 如果题本在以上几方面中有任何一个格式不符,都可能会被驳回并送回具奏人处,或者被送至内阁以确保朝廷对它做出决定。

因此,清代通政司的权力虽然比明朝小许多[3],但仍是相当可观的。因为各省题本进京后,最先阅读的部门就是通政司,所以它不仅具有战略地位,而且有权退回未被接受的题奏,弹劾具奏人,有时甚至有权总结奏疏内容。只有官员的密奏可以免于这种审查,但是因为在此讨论的(题本)只关注日常事务,所以不可能有太多秘密的内容。另外,清朝采取了各种措施进一

---

[1] 总结自《嘉庆会典》卷54,第13a页。
[2] 1644年谕令。参见《康熙会典》卷148,第1b页,最后一行;《嘉庆会典事例》卷781,第2页。
[3] 明代通政司拥有更大的权力,因为所有上呈皇帝的奏章都要由通政司率先开启并经由它呈递。事实上,事关重大的奏章在上达皇帝之前,必须经过通政司钤印和记录,所以它可以说是皇帝进行沟通的主要渠道(喉舌)。这也导致了弊端和最终的改革。在清朝治下,通政司的权力被削减,按定制封事在宫门口由奏事处直接呈交皇帝,部本则直接送交内阁,只有来自各省的题本应率先送交通政司(《历代职官表》,四部备要本,卷21,第17b页;《皇朝文献通考》卷82,1882年版,第11b—13页)。当然,这些规定绝不会像提炼的概要这样简单。因为,1645年的一份谕旨规定所有在京奏本应由通政司呈递(《光绪会典》卷148,第1b页;《乾隆会典则例》卷151,第1a页),这种不一致可以用它日期较早来解释。

第二章　论清代公文的种类与用途　　45

步限制通政司的权力。[1] 正如下文指出的,1729 年军机处的设立就部分出于这个目的。

在此我们应该注意的是,当一份题本首次提交时,会附有一份或多份副本。随后可能会制作其他副本。由于这些复制的公文并非程序中的主要步骤,因此它们主要放在本章第五节讨论,见下文"揭帖""副本"部分。

2. 来自京师各衙门的部本被直接送至内阁。

乍一看,这种陈述可能会受到传统[2]和多种文献记载的质疑,因为它们有时要求所有部本在送交内阁前须直呈皇帝检视。[3] 当然,所有的题本最终都将被送至皇帝前,但这里的问题是,部本与奏本的不同之处是否在于部本是先呈交皇帝阅览,

---

[1] 关于这个问题的各种规定需要另辟专文总结。在 1682 年的一份谕旨中规定,"除现任职官密本照常封进外,其废闲官员及无籍棍徒所具密本,该司先行看阅,应封者封进,不应封者严饬驳回"(《雍正会典》卷 225,第 3b 页,第 4 行)。但是 1708 年的一份谕旨又规定,"各省题奏事件,通政司将不合例驳回者甚多,若要紧事驳回,必致贻误。著谕通政司,一月之内驳回几事,所驳系何事件,月底奏闻"(《雍正会典》卷 225,第 2b 页,第 6 行)。1724 年谕令题奏不应再驳回(《嘉庆会典事例》卷 781,第 2 页)。然而,1738 年又有一次恢复 1724 年之前的政策(《嘉庆会典事例》卷 781,第 2 页)。
[2] 传统做法在晚明时期开始衰变。参见孙承泽《春明梦余录》(古香斋鉴赏袖珍本,卷 23,第 28a 页)所载"祖宗旧规……内侍官先设御案,请上文书,即退出门外。待御览毕,发内阁拟票。此其常也。至隆庆初年,不知何故……帝止接在手中略览一二,亦有全不览者"。
[3] 《嘉庆会典事例》卷 10(第 3a 页,最后一行)和《光绪会典事例》卷 13(第 3a 页,最后一行)载:"顺治十七年谕,部院等衙门所奏本章,若即日发下拟旨,本章繁多,关系重大,恐一时难以致详。今后各衙门及科道各官本章,俱著于每日午时进奏,候朕披览,次日发下拟旨,以便详阅批发。其通政使司所封各项本章,向来先送内阁译进,今后著该衙门自行封进。朕览过发译。如系密本,亦著该衙门不拘时刻封进。尔部即通行传谕,俾各遵行。"

由此可见,这里提及的奏章类型含糊不清,令人费解,因为本章是所有奏疏的总称。然而,在下面的行文中,题本和奏本之间重要的区分更加清晰地提出了(《嘉庆会典事例》卷 10,第 3a 页,第 5 行)。"顺治十三年谕,向来科道及在京满汉各官奏折俱先送入院,今后悉照部例径诣宫门陈奏。其外省所送通政使司题本及在京各官本章,仍照旧送通政使司转送内院。"当然,这是在军机处创设之前的情况。

而不是之后呈交。《大清会典》证明了部本应率先送交内阁,而非直呈皇帝。[1] 鉴于这些公文数量庞大,且关注日常事务,所以送交内阁似乎是唯一可行的程序。(正如下面第3部分所述,只有重要的奏疏,如奏本,会被首先呈送皇帝。)

3. 到达内阁后,两种类型的题本(通本和部本)会被再次检查是否有格式违规的问题,并做好被皇帝阅览的准备。

因此,如果来自直省的通本只用汉文书写——毫无疑问这是更多见的情况——就需要准备一份满文的摘要(贴黄)。[2] 整个题本也需要被复制一份(副本)。[3]

4. 题本在内阁由官衔较低的中书率先阅看,他们根据题本所奏内容给出应该采取措施的建议。

在19世纪,这些低级别的内阁官员近250人,其中一半以上是满人,这从附表中清晰可见。[4] 他们的职责之一就是率先为朝廷的最终决定提出建议。在每一份奏章上,他们都会在一张纸条上起草一份谕旨或御批的草稿(译者按:票签)。[5] 例

---

[1] 见第45页注释[3]。
[2] 《嘉庆会典》卷2(第6a页)载:"凡本有通本,有部本,先期以达于阁。通本到阁,不兼清汉文者,由汉本房翻照贴黄,满本房照缮清字,移送票签处。"《嘉庆会典》卷2(第17b页)载:"中书满洲三十有九人,贴写中书满洲二十有四人。"《嘉庆会典》卷2(第18b页)载:"汉本房,侍读学士满洲二人,汉二人,侍读满洲三人,汉军二人,掌收发通本,定缓急之限而发翻焉……如有关系官员升调、降革、离任、开缺者,俱定有期限,不得迟逾。中书满洲三十有一人,汉军八人,贴写中书满洲十有六人,掌翻清本。"
[3] 见本章第五节"副本"。
[4] 《大清会典》中列出的人员情况可以概括如下:

(单位:人)

	满洲	汉人	汉军	蒙古
《康熙会典》(卷2,第1b页)。共184人	98	40	23	23
《雍正会典》(卷2,第1b页)	98	40	23	23
《乾隆会典》(卷1,第1页)。共170人	95	43	12	20
《嘉庆会典》(卷2)。共252人	164	46	14	28
《光绪会典》(卷2)	164	46	14	28

[5] 拟签和票拟在英语中可以被翻译为"to write a proposal"和"to draft"。按定制不能使用"稿"字,这通常是草稿或初拟副本的用字。

第二章 论清代公文的种类与用途　　47

如,一份御批草稿可能会命令将存疑的事项发往部院进一步审议,或者只是简洁且重复性地书写"知道了"三个字。对于所有常规性决定,都有相应的既定用语。[1] 在适当的情况下,两个、三个,甚至四个票签会被上呈,每个票签都会根据一定的规制起草于一张单独的纸条上,然后全部同时上呈,作为朝廷决策的可选择方案。[2] 在如此情况下,甚至是单一建议被上呈时,可能会增加一项特别说明以解释提出这些建议的依据。[3] 所有票签均以满文和汉文书写,两位起草人也会在背面署名。载有草稿的纸条(票签)大约 4 英寸×7 英寸(1 英寸=2.54 厘米),被附于原题本之后。[4] 审读人也会处理题本附带的地图、清单、账目、清册和其他文件(见本章第五节"黄册"),以决定是否根据规定将它们与题本一同上呈皇帝。[5]

---

[1]《嘉庆会典》卷 2(第 6b 页)载:"凡通本内应议覆者,则交各部院议奏。或查议,或察议,或议处,或严议,或速议。无庸议覆者,则交各部院知道。"单士魁著《清代题本制度考》(《文献论丛》第 2 部分,北平:故宫博物院,1936 年 10 月,第 185 页)载:"凡具题多属例行公事,票拟之词,则有成规。如系通本则为'该部知道''吏部知道''兵部知道''三法司知道'等。以册随本进呈则为'该部知道册并发'或'册留览'等。如系部本则为'依议''知道了''依拟应绞著监候秋后处决余依议'等。今日所存清代数十万件之题本批红多属此类。"其他皇帝常用的御批包括"览""九卿速议具奏""所奏俱悉"。当然,这些既定用语后可能会跟着特别的批语。

[2]《嘉庆会典》卷 2(第 7a 页)载:"有两拟者,缮双签。双签之式,凡各部院题请事件,有应准、应驳未敢擅便,或议功、议罪、议赏、议恤可轻、可重,处分应议、应免,本内双请候钦定者……俱照拟票写双签。三签、四签与之类似,皆备拟以候钦定。

[3]《嘉庆会典》卷 2,第 8a 页。

[4]　单士魁描述,这种载有建议的纸单(票签)比题本要小,从上到下 7 英寸多一点,横 4 英寸多一点,左为满文,右为汉文。拟写票签的侍读、中书等在背面署名,左右角满汉各一人。这类票签依然藏于宫中,包括一些通本和部本样式的卷册。比如,通本单签,"览卿奏谢知道了,该部知道";部本单签,"著于〇〇日殿试,〇〇日传胪,依议"。

[5]《嘉庆会典》卷 2(第 6b 页)载:"若图若册:河工报销及各项营建工程,例应绘图缮册,随本进呈。各处钱粮报销及朝审、秋审本皆缮册。其乡会试试录、题名录、钦天监时宪书式及随本奏折如之。若单:本内有例应开单进呈,如名单、缺单、履历单、祭祀点单之类,覆其应留、应发者,皆于票签内分别拟写。其不在应留、应发之例者,不列于签。"

显然,这种由内阁低级官员起草票签的做法是常规性的,涉及的只是程序性问题而非政策性问题。所有这些官员所给出的建议都会被他们的上级审核。

5. 御批和谕旨的票签与原始题本由内阁大学士审阅并呈递。

清朝通常有四位大学士,两满两汉,以及两位协办大学士,满汉各一。在废除丞相制度的情况下,这六名高级官员中的一人是否会代表全体做出重要决定,对此我们缺乏证据。但毫无疑问,在处理事务的压力之下有时需要如此,在这种情况下押班或首辅大学士可能有责任做出决定。[1]

每一份票签都需由内阁决定同意、驳回或修改。[2] 然后送至内阁满汉票签处,在此以满汉文合璧的形式正式拟出票签。[3] 然后就准备将它和题本一道呈送皇帝。

6. 次日黎明,题本由内阁呈送皇帝御览,随后御批或谕旨的票签或被同意(照拟)或被要求改写。如果票签多于一个,则从

---

[1] 吴鳌著《内阁志》收录于《借月山房汇钞》第三集中,其中(第 2b 页,第 7 行)记载:"在国典则有押班一人,属之满大学士。余次序之先后皆请旨定之。"(参看嘉庆己巳本第十集。译者按:前述内容中作者名字和所在集数均似有误,但原书如此。)这部著作描述了大量的内阁日常工作。

[2] 这一程序始于明代。根据《历代职官表》4(第 12b—13a 页)记载,内阁最早于宣德时期被要求准备票签,并将它们附在题本上一同进呈。一份 1659 年的谕旨指出,设立内阁最初就是为了节省皇帝的时间,因此内阁被命令进呈票签以供皇帝最终决策(《嘉庆会典事例》卷 11,第 7a 页,第 6 行)。关于清代规定,参见《康熙会典》卷 2,第 7 页;《乾隆会典》卷 2,第 2b 页;《乾隆会典则例》卷 2,第 8 页。

[3] 《嘉庆会典》卷 2(第 6b 页,第 6 行)载:"票拟则缮签:每日应进通本、部本侍读等详细校阅,拟写草签。大学士阅定后,令票签处中书缮写清汉字合璧正签,次日黎明恭递。"《嘉庆会典》卷 2(第 19b 页,第 7 行)载:"每日通本、部本由汉侍读等拟写草签,移送满票签,侍读等详校清文,检查票签成式,拟写清文草签,以副本呈军机大学士,以正本呈在阁大学士阅定票拟。乃缮正签……凡进本,别其缓急轻重,敬谨贮匣。有应贴名签或黄签者,皆贴于上方。"也可参见第 20a 页的"汉票签处"记载。

中选择其一,或是另降谕旨处理其事。[1]

7. 皇帝做出最后的决定,题本也给出相应的朱批(见本章第五节"批")。

就题本而言,很少由皇帝亲自动笔完成。相反,题本和御批同意的格式被送至批本处,由一位满中书用红色朱笔将满语抄录。汉文批本在发还本人前也由内阁低级别的汉官用红色朱笔抄录。[2] 这两种用红色书写的御批被称为"批红",以区别于"朱批"或"御批"——这些有时是皇帝亲手书于公文之上的。批红的题本被称为红本,也被称为"批本"。[3] 正如已经提及的,御批也被抄录于副本之上。但是,副本上的御批用黑色字体抄录。这些副本被收藏于皇史宬之内。[4]

8. 在题本呈送后的两天之内,批本就要求下发并采取相应行动。[5]

原始题本被存档。将红本交给收发红本处,每日由六科给事中赴阁领出。给事中衙门是都察院的一部分。年终,仍由六科交回收发红本处收藏。[6]

---

[1] 参见《嘉庆会典》卷2,第8页。皇帝可能保留一些奏章(折本,见本章第五节)以待进一步考虑。这一步骤在本章第三节中讨论。

[2] 《嘉庆会典》卷2(第23a页,第7行)载:"本章进呈发下,批本处照钦定清字签,用红笔批于本面。"《嘉庆会典》卷2(第17b页,第3行)载:"本章接下后,由汉学士照钦定汉字签,用红笔批于本面。"

[3] 参见单士魁著:《清代题本制度考》,故宫文献论丛抽印本,1936年,第185页。

[4] 参见单士魁著:《清代题本制度考》,故宫文献论丛抽印本,1936年,第188页。单士魁所引用的几种资料显示这些副本被收藏于皇史宬之中,包括了乾隆时期的一位见证者,他看到副本在此堆积如山。单士魁所提出的证据表明,为了销毁它们,大多数副本在1899年被烧毁,被发现的只是少数。

[5] 《嘉庆会典》卷2(第8b页,第9行)载:"凡进本逾二日乃下焉。其即下者不越日。进本奉旨后,下批本处,次日由批本处批写,又次日下于阁。有紧要事件,奉旨速下者,即于进本之日下阁。"

[6] 参见《嘉庆会典》卷2,第21b页,第8行。

在六科通知传达后,相关衙门就会制作副本。由此,皇帝的旨意就公开化了。[1]

9. 如果通过内阁呈交的题本是以上谕形式下发,而非御批或谕旨的形式,那么军机处就可能参与到起草之中。当然,不可能有很多题本以上谕形式回复。但无论如何,内阁有关起草上谕的活动实际上附属于军机处,这将在第三节讨论。

在常规情况下,如果我们可以相信《大清会典》中所记述的内容,那么上面的流程大约耗时四天,从题本第一次被阅读,到御批或旨令被抄发,可以相应地采取进一步行动。在必要的情况下,皇帝的决定可能在题本呈交的当天就发还内阁。

可以指出,在这一程序中有充分的检验和制衡安排。每一个御批和旨令的草签都由满汉中书纂写并署名,然后在内阁同意后交由另外的中书抄写。类似地,在得到皇帝允准后,满汉两个版本的批本由两个衙门撰写。这样一来,草签时考虑欠妥或记录错误的可能性就降低了。在朝廷发布谕旨时,也同样采取了预防措施。虽然原始题本中决定的建议是由内阁给出的,但每一个决定都只有在都察院(确切地说,是"六科")收领后才可以被抄发其他衙门。原题本在一年的剩余时间内都由六科保存,而内阁只保留副本。一旦朝廷做出决定,几乎没有可能再对文本进行更改。这确保了文本的准确性。但是,这也使官员们更加重视使用惯用措辞并按部就班地处理公务。低级别官员不太可能尝试创新,虽然主动权主要掌握在他们手中。另外,从一位档案学者的角度来看,再没有比这更令人钦佩的系统了,历史

---

[1] 参见《嘉庆会典》卷2(第8a页,第6行),"清汉字批写后为红本。六科给事中赴阁恭领,随传抄于各衙门"。

学者也同样心怀感激,即使当他们迷失在大量记录与副本中的时候。

第三节　军机处的处理流程

军机处相较于内阁而言,是一个更小的、非正式的,但却更有权力的机构。1729 年[1],雍正朝为了秘密处理清朝军事战略问题,创建了军机处的雏形——军机房,其创建的明显原因是为了应对当时西北的战事。然而,深入研究后就可能发现,军机处填补了执政者空缺的一个长期需要,因为清初皇帝们很明显需要一个紧凑的、经过精心挑选的,却又非制度化的机构,以协助他们个人的统治。在过去数百年间处于官僚系统金字塔顶端的内阁,无法满足这个要求。康熙帝已经使用辅政大臣和之后的南书房官员帮助他处理重要事务。类似地,雍正帝也设立了议政处,并从内阁和部院大臣中挑选人员充任其间。所以,后来设立的军机处明显是对一个长期存在问题的解决之法。[2]

---

[1] 有关军机处成立的日期有不同说法,部分原因是这个机构在早期经历了几次重组(例如,梅辉立在《中国政府:名目手册》第 13 页中认为军机处于 1730 年设立;《清史稿·职官志一》第 4a 页载军机处 1732 年设立;《光绪会典事例》卷 1051 第 10 页指出在 1783 年奏疏中提及 1730 年设立;谢保樵在《清代政府概况》第 77 页指出为 1730 年设立)。然而,《清世宗实录》和《清史稿》(军机大臣年表)认同 1729 年 6 月成立了军机房。军机处早期的演变可以追溯如下:1729 年 7 月 5 日,任命怡亲王允祥、张廷玉和蒋廷锡三人组成处理军机事务的秘密小组,以应对军务。1732 年 3 月,军机房更名办理军机处。1735 年,办理军机处事务由总理事务处代行。1738 年 1 月 17 日,恢复办理军机处。1741 年,它开始被简称为军机处。

[2] 有关军机处最详实的研究是邓之诚和张德泽的论述(见第 39 页注释[1])。军机处的缘起也归因于这样一个事实:内阁所处位置与皇帝办公场所较远,很不方便。内阁位于午门大门里面的东侧,在通向宫廷主轴的第一道宫门太和门之外。相反,南书房就在乾清门西侧,位于宫内中轴线已过大半的位置。隆宗门内,就是军机处之所在,同样在乾清门广场西侧——可以说,军机处位于紫禁城的中心位置,靠近皇帝。参见赵翼著:《檐曝杂记》卷 1,第 1a 页,收录于《瓯北全集》(1877)中。

我们已经注意到军机处的创立与某些关于题本(常规事务,钤盖官印)和奏本(重要事务或私人事务,不钤盖官印)使用的规定同时发生。后一种奏疏形式(译者按:原书作者将奏本与奏折混为一谈),正如官员们自己证实的那样,更简单、更快捷。它已经成为经由军机处与皇帝进行沟通的常规渠道。很明显,这些行政变化的背后必然有着重要的政治因素——军机处和奏本是保证行政更高效、更私密、更自由的摆脱官僚体制障碍的工具。

军机处的权力部分源自其非正式性。直到1818年《嘉庆会典》,军机处才被独立记载。军机大臣的数量是不固定的,通常是5人或6人,但是这一数字会在3至12之间浮动。[1] 军机大臣可以从大学士,各部院尚书、侍郎,以及军机章京(也叫小军机)中选择。这种安排是至关重要的,因为它使仔细挑选真正有影响力的或者在其他方面可取的大臣成为可能,从而避免从官僚体制内提拔的棘手问题。因此,一名或多名军机大臣(直到1862年后)通常同时担任内阁大学士,这样就建立了两个机构直接的联系。下面注释中的数据通过两个机构的兼任人员,显示了军机处和内阁的重合度。[2] 以类似的方式,在1860年(译者按:应为1861年)至1901年总理衙门存在期间,有18

---

[1] 在1729年至1911年间,有47年的时间,军机大臣的人数是5人;有48年的时间,该人数为6人;有31年的时间,该人数是7人。参见《清史稿·军机大臣年表》。
[2] 刚才提及的表格和《清史稿·大学士年表》给出了每年供职官员的姓名。将这些姓名简单相加后得出,1729—1911年间共有1140位军机大臣的姓名、1310位内阁大学士的姓名。逐年比较两份列表后得出以下结论:只有1名官员同时兼任军机大臣和内阁大学士的年份是22年,有2名官员同时兼任军机大臣和内阁大学士的年份是78年,有3名官员同时兼任军机大臣和内阁大学士的年份是41年,平均每年兼任军机大臣和内阁大学士的人数(1729—1911)是2.35人。换言之,平均下来,每年接近一半的军机大臣是内阁大学士。值得注意的是,在同治年间(1862—1874)只有3年时间是1位官员兼任军机大臣和内阁大学士,而同治年间的其他年份则没有官员兼任这两个机构的职务。

第二章 论清代公文的种类与用途

位大臣身兼军机处和总理衙门两个机构的职务。[1]

这个中央行政机构(译者按:指军机处)的一个本质特点就是其活动的保密性。低级别的吏员被排除在外,所有重要公文均由军机章京处理,而不重要的公文则送交方略馆或其他机构做常规性处理。19世纪初期,军机章京的人数固定在32人,满汉各半,人员从内阁、六部和理藩院中选择。这些人员必须是他们上级推荐的,还要被引见给皇帝。在1860年以后,满汉军机章京各4人被派遣到总理衙门工作。因此,军机章京人数相对较少,人员都是通过精心挑选和保举的,这使得军机处成为一个非常紧凑的机构,而对不熟悉的人员相当封闭。最初进入军机处的官员必须接受与机构常规工作相关的培训。[2]

这种保密与紧凑性的特点是与重要事务数量相对较少的事实相一致的,很少有一天超过50或60份奏折的时候。[3] 简而

---

[1] 张德泽在《军机处及其档案》第61页中所列出的人名如下:恭亲王奕䜣、文祥、桂良、宝鋆、沈桂芬、李鸿藻、景廉、王文韶、左宗棠、阎敬铭、许庚身、孙毓汶、徐用仪、翁同龢、廖寿恒、裕禄、赵舒翘、启秀。可以看出,这些人既忠诚,又有能力。满洲在中央保持统治力的方式超出了本文范围。谢保樵在《清代政府概况》第81页给出了一些非常有意思的数据讨论满洲在军机处的比例(平均而言占多数)。

[2] 梁章钜在1823年出版的《枢垣记略》(作者序落款在1823年,后恭亲王奕䜣对序做了修订,并增补12卷,共28卷)卷22中(第4a页,第9行)写道:"惟枢廷义取慎密,有官而无吏,除每日发抄之折交方略馆供事缮写外,凡收发文移,登记档案及奉寄旨并饬封存之件,皆章京亲自料简。其章程名目传自先辈,虽以各部院能事之员新入,其中有不能骤解者。"他在第15—19页列出了至1875年止的109位军机大臣和750位军机章京。对于军机章京的规定参见《嘉庆会典》卷3,第11b页。

[3] 参见邓之诚:《谈军机处》,《史学年报》第2卷第4期,第197页。即使在19世纪初期这个数额可能是高的——如果我们考虑到十八直省内只有18位巡抚、10位总督和8个提督,如果这个级别的官员每周上奏2份重要的奏折,这个平均数也许并不低,皇帝和军机处每天也只需处理10份奏折。《翁文忠公日记》中记载了在繁忙的1882—1883年间,翁同龢在某些日子里没有起草或只起草1封公文,在其他日子有时一天起草了6份明发的上谕,1—2份寄字。还有其他时候,他和同事在面见皇帝时处理了15份公文。一天总共要处理超过50份朱批的日子被特别记载下来,一天总共接到各省外折70份的日子也一样。

言之,军机处在很多方面都是皇帝的私人秘书处,无论皇帝走到哪里,军机大臣都会跟随左右,在热河或圆明园都有他们的办事衙门。[1] 因此,对军机处程序的描述不如内阁那样完整,只能大致概括。

1.来自各省的奏本(重要的奏疏)(译者按:原文 Tsou-pen 实指奏折)到京后被送至奏事处。

奏事处与奏折的关系好比通政司与题本的关系。但是,没有证据表明,它行使过类似的权力。奏事处是一个小型机构,由一名从宫中侍卫处精心挑选的御前侍卫掌其事,另有从其他机构挑选的6名章京辅佐他,另有2名笔帖式。[2] 来自各省的奏折由驿夫传递,在本外标有"呈送奏事处公文"字样,无论奏折何时到达,均由奏事处笔帖式负责接收。[3] 随后,奏折被转交给章京,再由他们转交给奏事太监,后者则直接将这些本章呈送皇帝。一定品级以下的官员通常不被允许呈送奏折。[4] 除此规章外,没有证据显示奏事处的官员可以效仿通政司的官员掌红本票拟之权,以达到不可告人的目的。

2.来自在京官员的奏本也同样被送到奏事处转呈皇帝。

每日清晨,奏事处的章京们被要求在宫门口接收本章。具奏人应该亲自呈交奏折,这一规定适用于各部尚书和其他所有

---

[1] 参见《嘉庆会典》卷3,第1b页。军机处下属衙门包括:(1)方略馆,(2)内翻书房,(3)稽察钦奉上谕事件处,(4)中书科。布鲁纳特将(1)(2)(4)三个机构归于内阁。的确,它们的部分官员选自内阁,但是他们列名军机处之下,如下文所示,他们的工作也和军机处密切相关。
[2] 奏事处中也有奏事太监,但没有详细描述。机构内的人员除了处理满汉奏本,还有另一个更小的部门处理来自蒙古的通信。当然,处理来自京师的奏本有详细规章,它被装于黄匣之内,而那些机密文件被封于夹板之间。参见《嘉庆会典》卷65,第9b—12b页。
[3] 参见费正清、邓嗣禹在《哈佛亚洲研究学报》第4期发表的文章,第37页。
[4] 相关规章见《嘉庆会典》卷65,第10页。

第二章　论清代公文的种类与用途　　55

在京官员,但除了王公和年满六十岁以上者。随后,奏事处将收到的奏本交由奏事太监呈送皇帝。[1]

3. 奏本由奏事处直呈皇帝。

毋庸赘言,这种做法只有在皇帝勤政之时才有意义,但证据表明清朝的皇帝总是希望如此做。[2] 他们每日清晨绝非仅例行公事般地查阅奏章。相反,嘉庆帝禁止将奏本的副本送交军机处。[3] 许多证据表明,皇帝通常在给朝中主要大臣传阅前,会率先御览重要的奏折。[4]

4. 皇帝御览奏折,并做出决定或评论。

在皇帝首次阅看奏折时,他可能仅给出简单的御批以处理问题。在这种情况下,皇帝的决定可以通过军机处传达,无需进一步讨论,或延迟下发。另外,有些皇帝希望和军机大臣讨论的事件,或者是皇帝希望军机大臣们草拟上谕或类似公文时,也会

---

[1] 相关规章见《嘉庆会典》卷65,第10页。这一程序与布鲁纳特在著作(《当代中国的政治机构》)第105页的叙述相悖,他在其中写道,在京官员直送奏疏到军机处。

[2] 赵翼所著《檐曝杂记》卷1(第7a页,第1行)记述乾隆皇帝时写道:"余辈十余人,阅五六日轮一早班,已觉劳苦,孰知上日日如此,然此犹寻常无事时耳。当西陲用兵,有军报至,虽夜半亦必亲览,趣召军机大臣指示机宜,动千百言。余时撰拟,自起草至作楷进呈或需一二时,上犹披衣待也。"

[3] 这是对和珅的指控之一,他在乾隆朝末年不恰当地指示各省当局在呈送奏折原件给皇帝的同时,要抄送副本送交军机处。嘉庆帝亲政后对这种行为严厉斥责,并永行禁止。1799年2月12日的一份上谕要求所有奏本"俱应直达朕前,不许另有副封关会军机处,各部院文武大臣,亦不得将所奏之事,预先告知军机大臣。即如各部院衙门奏章呈递后,朕即行召见,面为商酌,各交该衙门办理,不关军机大臣指示也,何得豫行宣露,致启通同扶饰之弊"(梁章钜著:《枢垣记略》卷1,第9b页)。谢保樵对这段文字进行了大致的翻译,在没有肯定的理由的情况下就将其解释为朝廷试图打破军机处的权力。这种解释明显忽视了历史背景,特别是和珅一案。我们没有发现任何证据可支持谢氏的论断,即在1799年前,奏章由军机大臣在皇帝之前先行阅看。

[4] 瞿鸿禨在《㸑直纪略》(1920年后记版,第8a—9b页。我们感谢美国国会图书馆的房兆楹先生对于文献和其他方面所提供的帮助)中记载:"外折皆一日递入,两宫览毕,有皇上时朱批者,有留下未批者,均发下枢臣阅看,谓之早事。同列阅毕,先将朱批各折发交京,分别记档。其留下未批者,或酌拟批旨盛匣,夹奏单声明几件,恭请朱批下发。"

在这一步骤给出指示。因此,皇帝会将奏折的一角折叠作为标志,标志着事件需要进一步考量。(见本章第五节"折本"。)

5. 奏折下发军机处,并根据皇帝的旨意执行。

一旦奏折到达军机处,军机章京会将它们归类并分发。那些皇帝已经决定的事件,将按照下文描述的常规性程序处理。但是,经常有一些奏折皇帝没有给出定论,没有御批,或者仅书写"另有旨",或者奏折的一角被折下,以提示需要进一步讨论。针对这些奏折,军机章京在军机大臣的指示下,或者是军机大臣本人,为皇帝草拟决定,或是上谕,或是谕旨,或是御批,以备次日清晨"叫起"时的面询。这样的奏折被称为"见面折"。通常每日仅有数件。[1]

6. 第二天黎明时分,皇帝和军机大臣以面询方式处理前一天留存的奏折。[2]

除了军机大臣们在面见皇帝时的坐次,对这一活动少有其他规定。显然,对于这种彻底又非正式的讨论,没有什么障碍和限制。军机大臣既提出奏折中的问题,又给出自己针对这件事的草拟建议、纪要和"片"(见本章第五节)。

7. 当奏本的决定给出后,无论是由皇帝当时阅看时做出的,抑或是次日和军机大臣讨论后得出的,相关公文都要返回给军

---

[1] 参见邓之诚:《谈军机处》,《史学年报》第 2 卷第 4 期,第 195 页;也见第 59 页注释[1]。

[2] 《嘉庆会典》卷 3(第 1a 页)载:"常日值禁廷,以待召见;军机堂在隆宗门内,每日寅时,军机大臣入直于此。至办事毕,内奏事太监传旨令散,乃下直。召见无时,或一次,或数次,军机大臣至上前,预铺席于地,赐坐。凡发下各处奏折,奉朱批,另有旨,即有旨,及未奉朱批者,皆捧入以候旨。承旨毕,乃出。"

机处,并制作副本。[1]

普通奏本被送至方略馆抄录。但是,那些以密折形式呈递,或奉有朱批应该保密的,以及原折以寄信形式传送或上谕形式发下的奏折,均由军机章京亲自抄录。[2]

8. 朝廷的决定被传达。

副本被送到内阁或兵部,然后通过驿马传递到各省或传达给在京各部,让他们可以根据谕旨采取行动。由军机大臣起草的上谕(军机大臣的主要职能之一)可能会下发给他们自己(见本章第五节"谕")或给内阁大学士。但无论如何,省内高级官员是不会直接收到上谕的,而是通过军机处寄送给他们的廷寄(见本章第五节)得知朝廷的旨意。另外,不太重要的上谕不会寄送给特定的官员,而是以内阁明发的形式传达,在这种情况下,上谕信息随后会以邸抄或塘报(见本章第五节)的形式传递。对于上述程序的最完整叙述是由恭亲王给出的,我们在下

---

[1] 《嘉庆会典》卷3(第2a页)载:"凡谕旨明降者,既述则下于内阁。特降者为谕,因所奏请而降者为旨。其或因所奏请而即以宣示中外者亦为谕。其式,谕曰内阁奉上谕,旨曰奉旨,各载其所奉之年月日,拟写进上。俟钦定发下后,特降者即发抄,因奏请而降者即一折发抄。其余奏折,如奉朱批该部议奏,该部知道者,亦即发抄。其朱批览,或朱批知道了,或朱批准驳其事,或朱批训饬、嘉勉之词,皆视其事,系部院应办者,即发抄。不涉部院者不发抄。其发抄者,皆交内阁中书领出传抄,凡未奉朱批之折,即以原折发抄。奉有朱批之折发抄,不发抄,皆另录一份。其朱批原折,如在京衙门之折,即存军机处汇缴,如各省各城之折,俱即发还。(奏折)系专差赍奏者,交内奏事封发。由驿驰奏者,即由军机处封交兵部捷报处递往。如本由驿奏而发还不须亟亟者,封存遇便发往。其内阁传抄毕,即将所领之折交回,同不发抄之折一并备案。谕军机大臣行者,既述,则封寄焉。或速谕,或密谕,不由内阁明降者为廷寄,径由军机处封交兵部捷报处递往。"

[2] 见第58页注释[1]。

面的注释中引用部分内容。[1]

这个决策的过程需要多长时间是一个有趣的问题。从规制上我们知道,在京奏折在黎明时分呈递,而来自各省的奏折则可能随时送达。皇帝在破晓时分阅读奏折,也在同一时段召见军机大臣,他们此后随时待命,等待传唤。清晨,皇帝阅看后的奏折被送到军机处,成为后者的"早事"。最后,据说奏折通常都由皇帝先于军机处一天阅看。由此和相似证据我们可以得出结论,通常情况下,一份奏折或在黎明时分呈递,或在一天中的某一个时间呈递,并由皇帝在当天或次日破晓前阅看。这两种情况下,都要在第二天将奏折下发军机处;如果奏折需要进一步讨论,将在第三日清晨由军机大臣携带,于"叫起"时做出最后决定。这可能是针对事件并不紧急的例行程序。另外,整个程序可以加快,皇帝和军机大臣可以在数小时内完成接收、呈递和讨

---

[1] 参见梁章钜著《枢垣记略》卷22,第4b—6页。"每日奏折必于寅、卯二时发下,军机章京分送各军机大臣,互相翻阅,谓之接折。凡奉朱批另有旨,即有旨,及未奉朱批者,皆另贮黄匣交军机大臣捧入请旨,谓之见面";"直日章京将本日所接奏折、所递片单、所奉谕旨,详悉分载,朱批敬谨全载,谕旨及折片则摘叙事由。有应发内阁者,皆注明'交'字,应发兵部者,皆注明马递及里数。钉成巨册,以春夏二季为一本,秋冬二季为一本,谓之随手";"凡缮写明发谕旨及各片单,用六行格子,缮写寄信传谕用五行格子,每行皆二十字,谓之现递";"其有字数过长,急须缮递,则令一人于草稿中截定行款,分纸速写,谓之点扣。分写毕仍糊而联之,谓之接扣";"交达拉密覆校后,贮于黄匣送军机大臣恭阅,无讹,始付内监递进,谓之述旨";"经朱笔改定者,谓之过朱"(参见管世铭著:《韫山堂诗集》卷15,1894年版,第2页,第2行,解释了过朱);"若用先期豫拟谕旨,缮写后封存于匣,以备届期呈递者,谓之伏地扣";"其恭遇巡幸于首站呈递者,谓之卜递";"凡随折谕旨交内阁汉票签,其不因奏请而特降者,交内阁满票签,寄信传谕由马递递,交兵部,有交各部院议速办者,即专交各该部院,皆使领者注明画押于簿中,谓之交发";"凡抄折皆以方略馆供事,若系密行陈奏及用寄信传谕之原折,或有朱批应慎密者,皆章京自抄。各折抄毕,各章京执正副二本互相读校,即于副折面注明某人所奏某事,及月、日、交、不交字样,谓之开面";"直日章京将本日所接各直省原折各归原函,缴入内奏事处,谓之交折";"凡本日所奉谕旨及所递片单钞钉成册,按日递添,按月一换,谓之清档";"凡发交之折片,由内阁等处交还及汇存本处者,每日为一束,每半月为一包,谓之月折"。

第二章 论清代公文的种类与用途

论奏折的整个过程。[1]

9. 最后,无论奏折(译者按:此处原文明确标注为"折")来自京师或外省,奏折都通过奏事处返回给具奏人。这种信息传递模式为皇帝和官员提供了一种直接沟通的方式,至少在带有王朝符号的奏折方面确实如此。[2]

在此可以得出一个简短的结论。首先,很明显本文只是一个初步的调查。我们已经触及了在公文传递程序中的十余个机构和步骤,而每一个都值得写一篇专题论述。上文引用的各种版本的《大清会典则例》或《大清会典事例》为我们提供了一个取之不竭的资料库,它也可以由官员的文集和著述补充。迄今为止,美国研究政府和政治学的学者对这个资料库尚未触及。

其次,本研究证实了在19世纪,特别是在1860年以前,军机处是最重要的机构,而内阁在制定重要决策时的角色几乎可以忽略不计。在探析满洲政策的源头时,无论内政还是外交事务,军机大臣和军机章京都必须成为关注的焦点。后者在起草上谕和类似谕旨时,甚至比没有进入军机处的内阁大学士更具影响力,但是目前我们对他们的研究还很少。

最后,要理解清朝的政策,注意力必须集中在皇帝的个性及

---

[1] 邓之诚在其著作《谈军机处》第197页论述道,根据规定,军机处的官员必须在皇帝下达决定的当天完成所有相关上谕。
[2] 参见《嘉庆会典》卷3,第2a页,最后一行。也见《嘉庆会典》卷65(第11b页)和《光绪会典》卷82(第12a页)载:"每日所递各折,除驿递之折,皆由奏事太监径交军机处封发,不由奏事处发下外,其余外省各折,无论有旨无旨,皆由奏事太监封固,于次日交本处,发给原递折之人祗领。其在京所递各折,除留中及由军机处发下,或饬交是日召见之大臣发下外,其余各折,或奉旨依议,或奉旨知道了,由本处发下者,即由本处传旨给领。"交发下的奏折的命运是一个令人困惑的问题。徐中舒论文《中央研究院历史语言研究所所藏档案的分析》第186页描述了乾隆朝宫中保存了超过十万本的奏折。因此,交发后的奏折以何种方式归档贮存需要进一步关注。

其影响力上。我们的研究显示,在做出每一个决定的过程中,皇帝都必须发挥作用,即使可能是被动的。过去几代人都对个人统治这一事实做出过评论,但从行政视角,它的含义却很少被论述。从上面总结出的程序来看,皇帝有义务充当所有重要事务的"清算中心"(clearing-house),这一点是显而易见的。我们可能会问,这是否会造成行政事务运行中的瓶颈。在一个精力一般的皇帝治下,日常的行政压力是否会扼杀他的主动性和适应性,这是一个中肯的问题。换言之,清朝中央政府,乃至整个中国传统社会,都是由天子个人统辖整个中央机构的运转,这高度依赖一位"超人"去领导所有事务。当缺少这样一位"超人",而整个国家的事务却在激增时,这就是19世纪清朝政权濒于垮台的一个重要因素。上述思考可能挑战了政治学家的关注点,但对于外交史学家而言,却是至关重要的。

第四节 已出版的清代部分档案列表

在此给出的这个列表一方面作为本章第五节的参考,另一方面可以引起那些没有专门研究参考书目的学生的关注。这一列表并不是详尽无遗的,新的档案文辑在不断涌现。列表主要包括了目前可资利用材料中的主要代表,这些材料在每一个中文图书馆中都有收藏。一些明显基于此列表中档案辑的文献已被省略。与这些档案相关的,大量且快速增长的重要书目,超出了本文的叙述范围。但是,应该注意早期由海尼士(Erich Haenisch)所著的《〈清史稿〉与中国近三百年历史文献》("Das Ts'ing-shi-kao und die sonstige chinesische Literatur zur Geschichte der letzten 300 Jahre", *Asia Major* 6, 1930, pp. 403 -

第二章　论清代公文的种类与用途

444)和新近毕乃德所著《〈东华录〉和〈实录〉的某些注释》("Some Notes on the Tung-hua lu and the Shih-lu",《哈佛亚洲研究学报》第4期,第101—115页)两篇文章,我们可以从中找到更多参考文献。很明显,学界需要与毕乃德教授所做的相类似的研究,专注于钻研单个文献。如果需要比列表中更完整的关于故宫博物院出版档案的清单,可以参见凯斯特·赫尔曼·科斯特所著《北平故宫博物院》,载《华裔学志》第2卷。

《掌故丛编》,故宫博物院图书馆掌故部编辑的月刊,1928年1月出版第1期。自第11期起,改名为《文献丛编》。

《近代中国外交史资料辑要》两卷本,蒋廷黻编著,上海,1931—1934年。

《清季外交史料》,全书共218卷,卷首一卷,宣统朝24卷,王彦威、王亮辑录,北平,1932—1935年。

《清宣统朝中日交涉史料》(6卷),故宫博物院,北平,1932年。

《清光绪朝中法交涉史料》(22卷),故宫博物院,北平,1933年。

《清光绪朝中日交涉史料》(88卷),故宫博物院,北平,1932年。

《清三藩史料》(5册),故宫博物院,北平,1932年。

《清代外交史料》(嘉庆朝6册,道光朝4册),故宫博物院,北平,1932—1933年。

《清代文字狱档》(12册),故宫博物院,北平,1931年。

《筹办夷务始末》(影印版,道光朝80卷,咸丰朝80卷,同治朝100卷),故宫博物院,北平,1930年。

《朱批上谕》(同朱批谕旨,见《雍正朝朱批谕旨》)。

《雍正朝朱批谕旨》,乾隆帝 1738 年序文,112 册。

《夷务始末》,见《筹办夷务始末》。

《故宫俄文史料》(康熙和乾隆朝),刘泽荣编,王之相译,北平,1936 年,共 312 页。

《六十年来中国与日本》,共 7 册,王芸生主编,天津,1932—1934 年。

《明清史料》,共 4 册,中央研究院历史语言研究所编,1930—1931 年。

《明清史料·乙编》,共 10 册,上海:商务印书馆,1936 年。

《十朝圣训》,共 922 卷,286 册,刊版序言日期为 1880 年 1 月 6 日。

《史料旬刊》,共 40 期,故宫博物院,北平,1930—1931 年。

《史料丛刊初编》,共 10 册,罗振玉编,东方学会,1924 年。

《史料丛编》,共 12 册,罗振玉编,1933 年。

《大清历朝实录》,共 4485 卷,东京:大藏出版株式会社,1937—1938 年;参见福克司(W. Fuchs)《关于满洲的书目与文献的研究》(*Beiträge zur mandjurischen Bibliographie und Literatur*),东京,1936 年,第 58—71 页。

《太平天国诏谕》,萧一山编,1 册,国立北平图书馆,1935 年。《太平天国丛书》,萧一山编,共 10 册,上海,1936 年。

《太平天国文书》,1 册,故宫博物院,北平,1933 年。

《东华录》,多种版本。参见毕乃德在《哈佛亚洲研究学报》第 4 期的文章,第 101—115 页。

《文献丛编》,共 19 辑,故宫博物院,北平,1930—1937 年。

《雍正上谕》,共 24 册,张廷玉等编,1741 年。

第五节 公文类型的目录

一类档案与另一类档案的主要区别在于其用语,或者介绍文稿主要内容的用语。因此,上谕经常简单地以"谕"字开头,实际上意味着接下来皇帝颁布的谕旨的有效性。奏折经常以具奏人的官职和姓名开头,后面跟着表达内容的字眼。但在不太重要的公文中,如地方低级别官员之间的通信,用这种方法区分类别就不那么清晰了,而具有高技术含量的公文措辞也在日复一日实践中逐渐变得枯燥乏味。我们试图在这种日益明显的枯燥过程中划出分界线。

本目录按威妥玛式拼音排序,意在达到两个目的。第一,我们希望为普通类型的公文提供英文名称,以帮助西方译者建立起一种被普遍接受的用法。一个被广泛接受的用法是特别需要的,因为有关近代中国的许多研究都可能在不包含汉字的情况下出版。根据传统,每个译者都有自己的术语,这很可能混淆谕、旨、令、敕和其他称谓,让我们无所适从。幸运的是,西方清史研究学者尚少,这让我们依然有机会就一个共同的词汇表达成一致,它将带来高效率和经济性,这种神奇的合作将使共同的词汇表最终得以达成。因此,我们希望得到他人的建议,这些建议我们会在著作的修订版中提出,并将其公开发表。本汇编的目的不是提出修订后的术语,我们像先哲一样,只是试图将已有的用法进行汇编。与罗马拼音一样,中文名称的英译通常是约定俗成的。翻译最重要的就是意思上的准确性,其次则应遵循该领域文献中的传统。

所有清代档案的译者都将熟悉三部教科书,它们主要保留了传统用法。

1. 威妥玛(T. F. Wade)《文件自迩集》(Wên-chien tzǔ-erh chi)，此书收录了许多中国官员所书写的文件范文，旨在帮助学习这门语言的学生。共 2 册 16 部分，伦敦，1867 年。

2. 夏德(F. Hirth)《新关文件录》(Hsin-kuan wên-chien lu)，中文档案教材，收录有中国海关专用词汇，共 2 册，上海，1885 年。

3. 邓罗(C. H. Brewitt-Taylor)编《新关文件录》(第 2 版)，重整、扩充并编辑了原版内容，共 2 册，上海，1909—1910 年。

在这些图书之外，还应该加上梅辉立编，白挨底修订的《中国政府:名目手册》一书中的附录 3"官方通信形式"，以及翟理斯(H. A. Giles) 著《华英字典》(A Chinese-English Dictionary)，上海，1912 年。

所有这些作品的编者都有长期在中国为官的经历，他们日常性地与官方机构保持通信。他们所采用的相应中文名词，特别是在《华英字典》中的词汇，我们将在下文中频繁引用，代表了一代或数代领事和海关官员经过考虑后的使用情况。这些词汇已经大量进入 19 世纪的中国文献，对这些术语的随意修改是徒劳的，除非真的有必要这样做。另外，我们应该牢记这些观察者并不了解清代省府机构的内部运行情况，对其程序知之甚少，而且也不熟悉过去十年出版的许多公文档案的类型。以下内容旨在补充而不是涵盖邓罗所给出的注释和建议。

第二，本目录旨在说明特定类型的公文是如何使用的，也同样是为西方学者提供方便。为此，目录已经尽可能地提供了每种类型公文对应的具体事例作为参考。我们从列表中省略了那些给定类型的微小变化，以及被近代中国档案专家提到过的多种档案和记录的大量名称,它们的确切性质并不总是十分清楚,并且无论如何都不是档案学之外的学生易于使用的。记录每一种正式公文通常发起和结束时使用的正式用语,似乎也没有必要。许多都遵循着照会中使用的形式,以"为照会事"起,以"须至照会者"终。(参见邓罗编:《新关文件录》第2册,上海,1909—1910年,第10页。)

在目录下分出子目录并不容易,因为在政府部门之间交换的公文和呈送给皇帝的公文之间,以及后者和皇帝颁发的公文之间,都没有明确而有用的分界线。为了便于对相关类型公文进行研究,我们提供以下不完整的分析梗概。

1. 政府机构之间的交换公文

在中文语境概念中,这些公文的类型名称通常表示出往来通信人员的相对等级。这种关系只能通过一种惯例来表示,因为在西方,这类公文几乎都被统称为信件。为了展示通信人之间的三种基本形式,我们选择令或命令(来自上级的公文)、函(来自平级的公文)及报告(来自下级的公文)。一份来自非直接隶属下级的公文如何命名是一个很好的问题,但我们在此不涉及这个问题。

函包括:照会、照覆、知会、移会、移咨、移文、公函、咨、咨呈、咨行、咨会、咨报、咨文。

来自大臣,大多情况下是军机处,以传达上谕或相近旨意的公文包括:寄信、交旨、交片、传谕、函、廷寄、字寄。

命令包括:札、札付、故牒、关文、令、牌、牌票、牒。

请愿包括:在某些情况下,报告类目下的一些包含请愿内容的文本被称为请愿,例如,一位平民呈送给官员的文书。

报告包括:呈、呈文、详文、禀、申、申文、贴呈、咨呈。

2. 呈送给皇帝的公文

奏章副本包括:揭帖、副本、史书、录书。

御批奏章包括:红本,也见批本。

奏章包括:折奏、启本、六曹章奏、本章、表章、票本、白本、部本、题本、题奏、奏折、奏本、通本。

奏章摘要包括:录书、史书、贴黄。

补充性奏章包括:夹片、附片、附奏、片、片奏、奏片。

朝贡性奏章包括:贡表、外藩表章。

3. 皇帝颁发的公文

命令类:敕、敕谕、传敕、坐名敕。

敕书类:敕、敕书、制辞、令旨。

谕旨类:朱谕、上谕、谕、谕旨。

御批类:朱批、朱笔、批红、御批。

指令类:训谕、圣训。

法令类:诰。

封赠类:诰命、敕命、册。

告示类:诏、诏黄、诏告。

诏旨类:旨。

通用类言辞:丝纶,副本类包括:拓黄、誊黄。

4. 其他公文中附加的公文:夹片、清单、清册、黄册、报销册、片、奏销册。

扎或札

一种上级给所属下级的公文,参见翟理斯著:《华英字典》,上海,1912年,第127、142页。一种上级给所属下级的命令(《辞海》,最权威解释)。

例如,《史料旬刊》第7册,第221页,记载军机处给省级官员的公文。札,参见《掌故丛编》2,第 2 部分,第 15 页,军机处给长芦盐运使的公文。

札付

用于省布政使给知府和州县官的公文,参见梅辉立编,白挨底修订:《中国政府:名目手册》,上海,1897 年,第 139 页。提督给知府和低级别地方官的公文,也见巡抚给城守尉和低级别武官的公文。

例如,《清三藩史料》第 2 册和第 3 册中,有吴三桂所书公文的原始影印版。

札行

根据 1842 年签订的《南京条约》第 11 条,中国省内的高级官员致函下级英国官员用"札行",但是这一称谓并未被完全接受,而是被"照会"一词取代。也可参见 1844 年中法《黄埔条约》第 33 条。

例如,夏德著《新关文件录》第 48 号档案,1870 年总理衙门行文总税务司;第 66 号档案,1882 年总理衙门行文总税务司。

诏

丝纶的一种,皇帝言辞称诏。也见诰。自汉代以来,皇帝按照惯例向臣民宣谕,称诏。参见翟理斯著:《华英字典》,上海,1912 年,第 470 页。

例如,《河北第一博物院半月刊》第 17 期,1932 年 5 月 25 日,《清顺治通缉郑成功诏》;《雍正上谕》康熙六十一年十一月。

照覆(或"复")

回复照会的公文。

例如,《文献丛编》第 23 辑,第 2 部分,第 1b 页,1860 年,额尔金给恭亲王的行文。

诏黄

以黑笔在黄纸上写就的丝纶副本,也称为誊黄。

照会

给一位级别稍低官员的公文;梅辉立在《中国政府:名目手册》第 139 页给出了 8 个使用情况。《南京条约》第 11 条载:"议定英国住中国之总管大员,与大清大臣无论京内、京外者,有文书来往,用照会字样。"在一定程度上,"照会"一词被中外官员在公文往来中接受并使用,不论级别高低。1844 年《望厦条约》第 30 条载:"照会"字样用于清朝和美国之间高层官员、领事、地方官和文武官员的通信。1844 年中法《黄埔条约》第 33 条遵循英国的定义。参见《清季各国照会目录》,北平:故宫博物院,1935 年。

例如,《史料旬刊》第 4 册,第 108b 页,雍正朝给安南国王的行文;《文献丛编》第 17 辑,1884 年照会影印件。

诏诰

朝廷下达谕旨的通用称谓,等同于丝纶。参见彭蕴章为《内阁汉票签中书舍人题名》(1861 年版,卷 2,第 4—5 页)所做序言,有"内阁专司票本暨撰拟诏诰"之句(徐中舒在《中央研究院历史语言研究所所藏档案的分析》第 183 页也引用过)。

折本

有折角的奏折。当皇帝批阅时,将奏折的一角折下,表示需要进一步处理。参见《内阁小志》第 3 页,第 9 行,"上阅本,有欲改签者则折一角发出"。凡有折页的本章待大臣觐见皇帝时携带讨论。参见《嘉庆会典》卷 2,第 17a 页,第 10 行;第 8a 页,第 8 行,"部本进呈后,有未奉谕旨,折本发下者,按日收贮"。

折奏

同奏本。折奏和奏折出现多于奏本。但是后者在上文中为便于同题本对比,已经使用。

例如,《史料旬刊》第 1 册给出了起始有称谓、日期、谨奏,结尾有谨奏、日期的折奏范例;《文献丛编》第 6 辑,第 3 部分,第 1 页。

呈

下属写给上级官员的公文。用于低级别地方官给知府的公文,参见梅辉立编,白挨底修订:《中国政府:名目手册》,上海,1897 年,第 140 页。百姓呈交官员的请愿信,也称为呈,参见《法律大辞书》,上海,1936 年,第 534 页。也适用于呈交给皇帝的公文。

例如,《清三藩史料》第 2 册,第 111 页;《史料旬刊》第 13 期,第 445a 页。

呈文

下级给上级的公文,同呈。参见梅辉立编,白挨底修订:《中国政府:名目手册》,上海,1897 年,第 140 页。

例如,《掌故丛编》第 10 册,第 3 页。

起居注

皇帝日常活动的逐日简要记录——主要是礼仪性和日常行政的活动,通常包括言辞和行为两部分,由一个独立的部门(即起居注馆,参见毕乃德:《〈东华录〉和〈实录〉的某些注释》,载《哈佛亚洲研究学报》第 4 期。这是记录皇帝日常行为的机构。我们更倾向于使用《文献论丛》第 33 册中弗格森博士推荐的翻译)记录。在年终,所有起居注册被送到内阁贮存。起居注册的部分内容是根据送交内阁的奏章副本写就的,见揭帖。列入

"实录"的材料种类的规定参见《嘉庆会典事例》卷792,第8b页。

例如,《史料丛刊初编》第4册;《史料旬刊》第1期,第16a页;《史料丛编》各处。

启本

实际上与题本相同。顺治时期(1644—1646)呈递给摄政王的公文称启本,之后这一形式不再使用。参见徐中舒著:《中央研究院历史语言研究所所藏档案的分析》,第187—188页;《东华录》1911年版,顺治六年,5b页,1646年(译者按:原文此处有误,顺治六年应为1649年)6月5日。

例如,中央研究院历史语言研究所编:《明清史料》第2册,第102页等各处;《清三藩史料》第1、2册。

夹片

奏章里夹着的小纸条。随同奏章一同呈递,为的是在奏章常规性的叙述后,对其内容进行补充。也见片。

例如,《史料旬刊》第10期,第350b页。

交旨

转发的谕旨:部院大臣向下属衙门传达的谕旨,命令下属衙门根据皇帝的决策采取相应的措施。参见《国学论文索引》第3册,第113页,"部院大臣收到皇帝旨意后,转达给下属衙门并据此执行,称为交旨"。

例如,《东方杂志》第6卷第3期,1909年,第13页。

交片

军机大臣给其他衙门的公文。也见片。参见邓之诚著:《谈军机处》,《史学年报》第2卷第4期,第196页。

例如,《文献丛编》第14辑,第2部分,第2页。

揭帖

(1)通常而言,揭帖是张贴的一种大公告,经常包括诽谤或煽动性内容,也包括指控与控诉,参见翟理斯著:《华英字典》,上海,1912年,第1455页。

例如,《史料旬刊》第5期(第143b页)记载了一份煽动性揭帖的影印件。揭帖的这一含义也被用于对公文进行技术处理的程序上,参见《嘉庆会典》卷2(第6页),"通本……其有书写违式,印信模糊,及年月挖补者,通政司加揭帖"。

(2)任何形式奏章的副本也称为揭帖。根据规章,通本至少要有三份副本,参见《嘉庆会典》卷54(第13b页),"随本之揭帖三。一存司,一送部。送科题本封送内阁后五日,乃以部科揭帖交提塘官分投"。由于揭帖的存在需要再三保密,这就要求在题本送交内阁后的五天内不得抄发副本,参见《嘉庆会典事例》卷781,第7b页,1734年收到处罚的奏疏。除了已经提到的副本,还有1729年决定"雍正七年议准,各省题奏本章,俱增写揭帖一通,送起居注馆。俟记注后,将揭帖转送内阁收存"。参见《光绪会典事例》卷14,第35b页;徐中舒著:《中央研究院历史语言研究所所藏档案的分析》,第188页。

例如,《文献丛编》第13辑各处;中央研究院历史语言研究所编:《明清史料》第1、2册各处。揭帖最后书写"除具题外(除具奏外,或启外),理合具揭,须至揭帖者"。作为上述情况的发展,我们也发现在法律案件中的报告被称为刑部揭帖,参见《法律大辞书》,上海,1936年,第1426页。也有兵部揭帖,参见《文献丛编》第13辑,第3页。

柬

一张纸条。柬书,一张说明字条,一封信——写在卡片上。

参见翟理斯著:《华英字典》,上海,1912年,第1668页。

例如,《史料旬刊》第2期,第61b页,第63b页,安南国王来柬。

旨

从本质上说,旨代表皇帝的意志。用红笔将皇帝的决定写在每一份奏章之上。在实践中,当和具体奏章相关联时,旨通常被译为 Rescript,而没有提及原奏章的旨,通常被翻译为 Decree。旨不同于谕,后者是一种独立的公文;旨也不同于批,后者经常是对特定事件的指示,而非根据奏章主题做出的常规命令。旨的长度通常比谕短,但长于批。旨由内阁草签,谕由军机处草签。《枢垣记略》卷22,第2b页。

例如,分别发表的旨:《清代文字狱档》第2册,第4部分,第3页;第5部分,第4页;第3部分,第4页;第7部分,第4页。

制

帝王丝纶的一种。关于科举榜单、敕书等诸如此类的事项均可用制,其开首都以"奉天承运,皇帝制曰"起句。

例如,《文献丛编》第14辑,影印件。

知会

即通知。用于政府官员之间的通信,类似于移会。后者似乎既包括送出公文,也包括通知一个事件,但知会仅为通知。

例如,《明清史料》第7册,第699页,礼部知会稽查房;《文献丛编》第21辑,第2部分,第1页,内务府知会礼部。

制书

一种朝廷的旨令,参见翟理斯著:《华英字典》,上海,1912年,第1910页。《君主的信件》(lettre du souverain),顾赛芬,第859页。《大清律例按语》卷3(1847年版,黄恩彤序言),第4页制书部分载:"天子之言曰制,书则载其言者,如诏、敕、谕、札之类。若奏准施行者,不在此内。"

制辞

实际功用上似乎与制相同。

敕

帝王话语的一种,见丝纶。

敕命

用于对五品以下官员和其他人的荣誉封赠。参见《嘉庆会典》卷2,第4b页,"敕封外藩(即蒙古、西藏等地),覃恩封赠六品以下官及世爵有袭次者,曰敕命"。敕命根据其等级,必须遵循固定的格式。

例如,《文献丛编》第14辑,影印件。

敕书

类似于诰敕。

敕谕

用于委任官员和发布的特殊谕令。敕谕有不同的形式,其中又有两种子类型:(1)坐名敕,(2)传敕。参见《嘉庆会典》卷2,第4b页,"谕告外藩及外任官坐名敕、传敕,曰敕谕。皆先期撰拟呈进,恭候钦定"。《乾隆会典》卷2,第5页,"外任官督抚、学政、盐政、织造、提督、总兵等官撰给坐名敕书,布政使、按察使、道员、运使,及副将、参游等官只给传敕"。

例如,《史料丛刊初编》第9册,第1页。

京报

见塘报。

清单

即列表,可能用于任何主题,也可能用于任何方式,有时附于其他公文一并送呈皇帝。

例如,《文献丛编》第 14 辑,最后部分;《史料旬刊》第 5 期,第 159b 页。

清册或青册

账目、列表、报告,以及类似的附于奏章之后的公文,以黄色装订本册形式呈交给皇帝(参见黄册),之后被抄录,以青蓝色装订送交给事中衙门,故名青册。因此,青册通常是黄册的副本,参见徐中舒:《中央研究院历史语言研究所所藏档案的分析》,第 190 页。顺治八年给事中魏象枢奏:"国家钱粮部臣掌出,藩臣掌入。入数不清,故出数不明。请自八年为始,各省布政使司于每岁中会计通省钱粮,分别款项,造册呈送该督抚,按查核恭缮黄册一卷,抚臣会奏总数,随本进呈御览,仍造清册咨送在京各衙门互相查考,既可杜藩臣之欺隐,又可核部臣之参差。"参见《东华录》,1911 年版,顺治十六年,第 17 页,第 4 行,1651 年 8 月 1 日。

例如,《史料丛刊初编》7,第 2 部分,第 3 部分。

朱笔

见朱批。

朱批

一种对皇帝亲自书写在奏章上的批示或评论的传统称谓,与内阁官员书写的批红不同,但两者均以红色墨笔书写。

例如,《史料旬刊》第 1 册,第 20b 页(文本中);第 21a 页(页末)。

朱谕

皇帝诏书的副本,以朱笔写于黄纸之上,见誊黄。

传敕

皇帝向低级别省内官员传达的谕令,见敕谕。

传谕

由军机处向省内低级别官员传达的旨令,文本中包含了朝廷重要谕令,是廷寄的一种。

例如,《掌故丛编》第 7 册,第 43b 页;《史料旬刊》第 6 期,第 192 页。

覆(可与"复"相替换)

是结合各类公文的总称,意指对接收公文的回复。如照覆、咨覆,参见《史料旬刊》第 2 期,第 64a 页。

副本,题本的抄本

原始题本经批红后,由内阁以黑色墨笔抄录,以作皇史宬贮藏之用。参见徐中舒:《中央研究院历史语言研究所所藏档案的分析》,第 188 页;《嘉庆会典》卷 2(第 6a 页)载:"皆备其副:通本、部本、正本外另缮副本一份,正本于得旨后发科,副本存贮以备查。"

附片

有时与奏本一同上奏,通常主题相关但内容不同,见片。

例如,《史料旬刊》第 4 期,第 130 页多处可见,通常以片为抬头,用"再"字开始,在结尾处被称为附片。相反的引用,可参见《史料丛刊》第 10 册,第 363b 页,是以附片开头,以"谨附片具奏"结尾。

附奏

见附片。

函

这是一个突破传统术语的例子。总体而言,函是信件的一种形式。翟理斯在《华英字典》第 3809 页给出了多种使用方式。19 世纪后期,函用于总理衙门和其他部门之间的通信,通常结合的形式有密函、信函、咨函等。

例如,《筹办夷务始末》同治朝第 50 部分,第 28b 页,第 7 行,密函由总理衙门发送给省级高官;第 10 行,提及的信以信函为文本标题。《筹办夷务始末》同治朝第 52 部分,第 24a 页,咨函。《掌故丛编》第 7 册,第 1 部分,第 42a 页,给出了一份公文,是军机处在 1793 年送出的公文,被编者定义为函。

详文

下属呈给上司的公文,翟理斯在《华英字典》第 141 页给出了详文的使用情况。

例如,《文献丛编》第 22 辑,第 5 部分,第 32b 页,驻天津英国领事给李鸿章的报告称为详文;樊增祥著:《樊山政书》卷 2,1910 年版,南京,第 24 页。

训谕

不是公文的一种,用于指代一般的谕旨。

例如,《掌故丛编》第 1 册,第 4 部分,第 1 页;《史料旬刊》第 39 期,第 408a 页,第 4 行。

黄册

也称为报销册,有时称为奏销册,包括税目、建设报告、考试结果等,同奏章一同上奏皇帝,在某种程度上类似于西方的附件。因通常以黄纸或黄绢绑定成册,故而命名;见清册。黄册是常规行政的重要档案,它们涉及多种多样的主题,有各种不同的类型。单士元在《故宫博物院文献馆所藏档案的分析》第 272—275 页中列出了故宫保存的约 60 种不同名目的黄册,按不同内容分类。王正功著《中书典故汇纪》卷 3(1916 年版,第 36b 页,

第二章　论清代公文的种类与用途　　77

第8行)载:"凡各部院各督抚等随本进呈黄册,交典籍收存大库。"大部分黄册年终上缴,有一些按月或按季度上缴,每年在京衙门接收黄册的数量超过2000册。遗憾的是,从官方历史学者的角度来看,这些黄册的价值小于奏章。据称故宫博物院现存黄册仅有约13000册,参见徐中舒:《中央研究院历史语言研究所所藏档案的分析》,第190页,第4行。

例如,《史料丛编》二集,第3册。

红本

称之为红本的原因,是皇帝同意了题本所奏内容后,交由内阁官员以红色墨笔在奏章上书写御批,见本章第二节。红本有两种,它们是截然不同的,分别由内阁和内务府上呈。单士元在《清代档案释名发凡》第150页引用了《大清会典》对红本的定义(在第49页注释[2]引述过),即红本是朱笔御批同意的题本。随后,作者又加上了自己的研究所得,红本是题本的别称,因为它们都钤盖具奏人的红色印信,而白本是奏本的别称,因为后者不加盖印信。这种解释看似合理,但实际上却不太可能,因为作者赋予红本的两种定义中,其中一种包含另外一种(即题本作为一个类别,包含了所有带朱笔御批的题本)。单士元自己在之前的文章中比较坚持。单士元在《故宫博物院文献馆所藏档案的分析》第271页的定义,是我们更认同的,与《大清会典》中的一致。这个问题值得澄清。

移会

用于政府官员之间的通信;类似于知会,但移会除了发送信息,还有发送文件的意思。

例如,《明清史料》第7册,第685—698页,兵部给内阁档案房和稽查处的公文。

移咨

平级或级别相近官员之间的公文名称。参见翟理斯著：《华英字典》，上海，1912 年，第 342 页。

例如，《史料旬刊》第 1 期，第 19a 页，第 4 行；《嘉庆会典事例》卷 12，第 22a 页，翰林院给内阁的公文。

移文

平级或级别相近官员之间的公文名称。参见翟理斯著：《华英字典》，上海，1912 年，第 138 页。

稿

稿只是用于形容已经发表的文件，而并非一个技术术语。

例如，《掌故丛编》第 1 册，第 1 部分，康熙朝谕旨稿；《史料旬刊》第 4 期，第 108b 页，致安南文稿。

诰

一种皇帝谕令的名称，见丝纶。与诏的区别不大，参见《乾隆会典》卷 2（第 2 页）载："布告天下曰诏；昭垂训行曰诰"。然而，徐中舒根据现存档案总结认为，出自皇帝的谕命称为诏，而以皇帝的父亲、皇太后和皇后身份发布的公文称为诰，存世数量很少，参见徐中舒：《中央研究院历史语言研究所所藏档案的分析》，第 184 页。皇帝二十五方宝玺中，有三方即用于诰之上：给大臣和官员的公文称诰，给外国的公文称诰，布告天下的公文称诰（参见《交泰殿宝谱》，北平，1929 年）。

诰敕

诰与敕的统称。证书，特许证（通过皇家命令授权持有者使用敕命），参见翟理斯著：《华英字典》，上海，1912 年，第 1943 页。见敕书。参见《嘉庆会典》卷 2（第 21b 页）载："诰敕房掌收发诰敕，审其撰拟与其缮写之式。"在诰敕详细校阅后，用宝。

参见《交泰殿宝谱》,北平,1929 年。

诰命

朝廷对于五品以上官员及其家人的荣誉性封赠,参见《嘉庆会典》卷 2(第 4b 页)载:"覃恩封赠五品以上官及世爵承袭罔替者,曰诰命。"诰命必须根据被封赠人的官阶,按照一定格式书写。见敕命。

口供

不是一个技术术语,但用于表示间接提及类型的材料。语音证据,参见翟理斯著:《华英字典》,上海,1912 年,第 6572 页。例如,《史料旬刊》第 8 期,第 281 页。

故牒

上级给下属官员的公文。参见梅辉立编,白挨底修订:《中国政府:各国手册》,上海,1897 年,第 139 页。

关文

上级给下级的公文。参见梅辉立编,白挨底修订:《中国政府:名目手册》,上海,1897 年,第 140 页。参见翟理斯著:《华英字典》,上海,1912 年,第 6368 页,护照。没有发现已出版的关文例子。

公函

官方书信;一个非常笼统的术语,指政府中两个独立部门的往来公文。见函。参见《法律大辞书》,上海,1936 年,第 158 页,载:"彼此互不统属的政府机构间的公文通信,称为公函。"

贡表

来自七个毗邻的朝贡属国的统治者向清朝皇帝上呈的奏章(与贡品一同呈递),包括朝鲜、琉球、安南、南掌(老挝)、暹罗、苏禄和缅甸,以上名单见《光绪会典》卷 39,第 2 页。

例如,《故宫月刊》第 5 期,1930 年 1 月,影印了来自安南的贡品清单。

供单

同供词。

例如,《史料旬刊》第 34 期,第 246、250 页。

供词

不是一类公文名称。类似于口供;案件中的证据。参见翟理斯著:《华英字典》,上海,1912 年,第 6572 页。

例如,《史料旬刊》第 34 期,第 232b 页,记录了案件证据中的问题与回答。《筹办夷务始末》道光朝第 68 部分,第 37a 页,一位官员的证词。

国书

致外国统治者的官方公文。在 19 世纪后期,指外交文书。

例如,《史料丛刊初编》第 1 册,第 2 部分,清太宗致朝鲜国王国书;《文献丛编》第 8 辑,第 12b 页;《中英法外交辞典》,外交部,1925 年,第 152—159 页。

令

统称,并不是清代公文中重要的一类。现代官方公文的名称,用于颁布法律、任免官员等,一般用于对下属的命令,《法律大辞书》,上海,1936 年,第 253 页。

令旨

清朝初期皇帝颁布的谕令,类似于旨。

例如,《史料丛编》第 4 册,1644 年及以后。

六曹章奏

六部内官员的奏章;史书的另一个名称。

例如,《史料丛编》第 4 册;《史料丛刊初编》第 6 册,总结了各种六部章奏。

录书

贮藏在六科的红本摘要。见史书。

纶音

字面意为丝绸的声音,意为皇帝的言辞,见丝纶。

牌

上司给下属官员的命令。参见梅辉立编,白挨底修订:《中国政府:各国手册》,上海,1897 年,第 140 页。

例如,《清三藩史料》第 5 册,令牌影印件。

牌票

上司给下属官员的命令。同牌。参见梅辉立编,白挨底修订:《中国政府:名目手册》,上海,1897 年,第 140 页。

报销册

黄册的常见类型。

本章

把题本和奏章合称的一般术语。

批

一个具有广泛含义的词,从技术上讲,意指官员在所收到奏章上作出的批注。大体而言,这样的批注不是评论,就是指示,后者可能是以行政术语表达的。后一类型的批注,当由皇帝或皇帝的代表做出时,与西方统治者、内阁大臣和其他人在外交公文背面或摘要上所做出的注释大体一致。在中国,这样的批注也用于官员对下属的答复。翟理斯在《华英字典》第 9048 页给出了 6 种这样的例证。但是,典型的皇帝的批注如"知道了"或"该部知道"仅是行政行为的信号,并非评论或回复,因此我们推荐翻译为"御批"(Endorsement)。

批红

经皇帝同意后,以红色墨笔在题本上(代皇帝)书写的御批;与朱批不同,批红并非皇帝亲手书写,见本章第二节。

表章

给皇帝的一种奏疏形式。在清朝常指属国上奏的表章,见贡表。

例如,《明清史料》第 7 册,第 641—664 页,朝鲜国王给清朝皇帝的表章;《清乾隆朝鲜国王李祘上表》,《河北第一博物院半月刊》第 2 期,第 1 页,1931 年 10 月 10 日。

片

单页纸或小纸条,与折形成对比,因为折意为一张折叠的纸,即一份很长的公文。我们对这个名称的确切含义存有疑问。在短语夹片、附片和奏片中,它们有时似乎是指在奏章之外所提交给皇帝的额外陈述性文字。但它也代表了一个简短的奏章或纪要,或者针对一个旨意或简单主题的回应(呈片就是补充性的简短报告)。这一问题之所以复杂,原因在于任何出版的被冠以片的名称的公文,均没有显示它们最初是否随另一份文件一同上奏。

例如,片是对旨的回应,《掌故丛编》第 1 册,第 12b 页;第 2 册,第 17a 页;第 7 册,第 28b 页;第 8 册,第 49a—b 页。片,明显是较短的非正式奏章,《掌故丛编》第 7 册,第 42b、44a 页;第 8 册,第 58b、59b、62a 页等。《史料旬刊》第 8 期,第 277a 页,刊印了军机处的片,类似于西方的纪要;《掌故丛编》第 13 册,第 471 页,给出了一份奏章和一份片。这个问题值得进一步关注。

禀

一般术语,下级官员上呈上司的公文,或百姓给官员的呈请。

例如,《清三藩史料》第 3 册,第 272 页;《史料旬刊》第 39 期,第 424b 页。

禀呈

1844 年的《黄埔条约》第 33 条中写道:"其商人及无爵者,彼此赴诉,俱用禀呈。"我们还没有发现使用它的案例。

禀明

1842 年《南京条约》第 11 条写道:"若两国商贾上达官宪,不在议内,仍用禀明字样为著。"1844 年《望厦条约》第 30 条也做了类似规定。

白本

白本不同于红本,后者是用红色墨笔将皇帝已经阅看并允准的旨令书写于题本之上,而白本是指还没有被皇帝阅看的题本。参见徐中舒著:《中央研究院历史语言研究所所藏档案的分析》,第 186 页;单士元著:《清代档案释名发凡》,第 150—151 页。进一步的讨论,见红本。

部本

在京部院上奏的题本。见本章第二节的论述。参见《嘉庆会典》卷 2(第 6a 页)载:"六部本章,及各院、府、寺、监衙门本章,附于六部之后,统为部本。"根据徐中舒所述,部本以满汉文合璧本上呈。

上谕

一个相当笼统的称呼,用来指谕,有时也指旨。

例如,《史料旬刊》第 6 期,第 178b—185 页,6 个例子以日期和"内阁奉上谕"开头;《史料旬刊》第 7 期,第 237 页,2 个事例以"上谕"、日期和"奉旨"开头。

申

下属给上级官员的汇报公文。参见翟理斯著:《华英字典》,上海,1912年,第9816页,给出了6个事例,下面给出的是更为重要的例证。

例如,《清三藩史料》第3册,第253页多处。

申陈

1842年《南京条约》第11条载,英国下级官员与清朝大臣往来文书"用申陈字样",但是这一名词用法并不固定,最后被照会取代。1844年《望厦条约》第30条载,申陈应该由两国的下级官员向对方国家的上级官员使用,即领事等官"申报大宪,用申陈字样"。1844年《黄埔条约》第33条载,遵循英国的定义,称为"申陈"。

申称

见申。

例如,夏德著:《新关文件录》,第48页,海关总督察向总理衙门的申称。

申文

见申。参见梅辉立编,白挨底修订:《中国政府:名目手册》,上海,1897年,第140页,载有用法。

史书

史书是朝廷批准的贴黄的副本。参见《光绪会典》卷69(第3b页)载:"凡钞本皆副以史书录书:红本发钞后,由科别录二通,供史官记注者曰史书,储科以备编纂者曰录书。皆校对钤印。史书送内阁,录书存科。"根据单士元的研究,现在保存在内阁的史书,均为红本的贴黄,而不是红本自身内容的全文(《清代档案释名发凡》,第151页)。徐中舒同意史书是红本的贴黄这一说法,因此史书成了对红本内容的细节索引(《中央研究院历史语言研究所所藏档案的分析》,第 188 页)。他补充道,在明代,史书被称为六曹章奏,录书被称为录疏。

丝纶

《礼记》卷 30,《缁衣》,载:"王言如丝,其出如纶。"丝纶是对于由帝王发出的制、诏、诰、敕的通称。《嘉庆会典》卷 2(第 4a 页)载:"凡纶音之下达者,曰制,曰诏,曰诰,曰敕,皆拟其式而进焉。凡大典礼,宣示百僚,则有制辞,大政事,布告臣民,垂示彝宪,则有诏,有诰……皆先期撰拟呈进,恭候钦定。"

拓黄

丝纶的印刷副本,也见誊黄。根据徐中舒的研究,"其用刻板刷印者,清初有颁发朝觐官员敕谕",则名为拓黄(《中央研究院历史语言研究所所藏档案的分析》,第 185 页)。

档

也称档案和档子,广泛用于各种名目的档案合辑。清代档案的影响见第 39 页注释[1],本文不尝试探究这一主题。

塘报

字面意思是传送的新闻,也称京报、邸报、邸抄等。塘报并非指一种公文类型,而是向各省传递重要公文信息的手段之一,包括从京师向各省高级官员发送公文副本等。塘报有时为印刷品,有时会再次印刷以在省内进一步传播,这一步骤由省内私人出版商印制和分发。因此,"塘报"一词是一个泛称,包括了官方与非官方的许多形式。对于塘报的论述参见本书第一章,原载《哈佛亚洲研究学报》第 4 期,第 35—36 页。对于塘报最详细的研究在白瑞华(R. S. Britton)所著的《中国报纸(1800—1912)》(*The Chinese Periodical Press, 1800-1912*)第 7—17 页,它也对塘报副本进行了再复制。塘报是一个很理想的可以扩展深入研究的领域。

例如,白瑞华著:《中国报纸(1800—1912)》,上海,1933年,第7—17页;《清三藩史料》第3册,第259页等各处;《明清史料》第2册,第116页各处。我们在此展示一份目前偶然获得的塘报。

1842年8月5日,浙江巡抚刘韵珂和署理巡抚卞士云奏报中描述了塘报的私人传播情况。他们抱怨,英国人常规性地获取和检视塘报的副本,使他们可以了解朝廷的计划。奏折写道:"伏查定例,漏泄军情大事,罪应骈首。今奸民将《京报》源源送给该逆查阅,较之偶尔漏泄军情,其情尤重,亟应查获严究,以绝奸细。臣等现已遵旨严饬各属,并委明干员弁,于水路要隘严密盘查。如有为该逆递送《京报》之人,一经弋获,即行确讯,如有辗转递送实情,一面正法,一面具奏。仍将军务机宜,事事格外慎密,俾免透漏。至臣等每日所阅《京报》,系由坐京提塘抄寄坐省提塘转送,惟闻此外尚有《良乡报》《涿州报》名目,其所载事件,较详于提塘之报,递送亦较为迅速,闻良乡、涿州等处,专有经理此事之人,官绅人等多有以重资购阅此报。故各省之事,有臣等尚未知而他人先知之者,亦有臣等所不知而他人竟知之者。伏查为逆夷递送《京报》,固系外省奸民之所为,而代为传抄《京报》之人,恐亦不止一处,并请敕下步军统领、五城暨直隶总督、顺天府尹一体严密查拿。如此则各省查递送之犯以绝其流,在京查传抄之犯以杜其源,似办理较为周密。"

原件藏于清华大学图书馆,第1504—1505号。(译者按:全文参见《筹办夷务始末》道光朝第5册,北京:中华书局,1964年,第2208页。)

第二章 论清代公文的种类与用途　　87

誊黄

丝纶的副本。翟理斯在《华英字典》第 10、884 页给出其定义,以满汉文书写、张贴于街上的黄色告示,以宣布一些喜事,如大赦、减免地税等。徐中舒给出了一个技术性解释,"制诏诰敕之类,都用黄纸墨书,称为誊黄,或称诏黄。其用黄纸朱书者,则称朱谕"(《中央研究院历史语言研究所所藏档案的分析》,第 185 页)。见拓黄。

邸抄

见邸报。

邸报

见塘报。

题本

题本是呈送给皇帝的奏章,通常是关于日常公共事务的,通过内阁呈递,与奏本和启本不同。题本作为一般类型还可以进一步细分,根据题本呈送机构和处理方式的不同,有通本或部本,红本或白本之分。题本的演变已经在上文(第 42 页注释[1])中有了概述。我们下面总结下单士魁对于题本尺寸和格式规定的描述(尽可能地加入其引用文献的来源)。

明清两代题本尺寸不同。总体而言,明题本较奏本略小,清代题本则较奏本略大。

明代奏本纸高 1 尺 3 寸,而题本小于奏本,尺度当在 1 尺(约 14 英寸)左右。清代题本纵 7 寸 9 分,横 3 寸 6 分。清代奏本纵 7 寸,宽 3 寸 4 分。因此,奏本和题本两类公文,清代的尺寸均小于明代。在清代,题本内书写堂口尺寸是 5 寸 3 分。一份 1652 年 8 月 17 日的上谕(《东华录》有载)命令所有题本都应符合相应的尺寸。

明清两代对于题本书写的规定大体一致。明清两代题本之书写款式,大致相同,皆每幅六行,行二十字。惟明本系二十格,平行写十八字,抬头二字。清本亦二十格,平行十八字,抬头则有三字,是其异点。明清两代,皆有明文规定。

清本规制是在顺治八年(1651)题准的,"章内称宫殿者,抬一字。称皇帝、称上谕、称旨、称御者,抬二字。称天地、宗庙、山陵、庙号、列祖谕旨者,均出格一字写"(《大清会典事例》卷1042,第1页)。

明嘉靖八年(1529)奏准,头行衙门官衔姓名疏密俱作一行书写,不限字数,年月下疏密同。清代遵循了明代的格式。明清两代题本样式均遵循官职臣某"谨题为某事"的格式。

题本最后应书写"谨题请旨"。

明代对于题本字数没有限制,虽然总字数需要注明。然而,在1645年,清代规定题本不应超出300字。"虽刑名钱谷等本,难拘字数,亦不许重复冗长,仍将本中大意,撮为贴黄,以便览阅,其贴黄不许过一百字。如有字数溢额,及多开条款,或贴黄与原本参差异同者,该衙门不得封进,仍以违式纠参。"(《嘉庆会典事例》卷10,第2b页,第7行)

然而,1645年的这项规定在实践中并没有得到严格的执行,到了1724年(雍正二年)已如同一纸空文。(虽然单士魁没有论述,但这不禁让人联想是否通政司在技术层面并未严格把关。见第44页注释[3]。)《嘉庆会典事例》卷10(第4a页)记载了一则1724年的朝廷决定,"题奏本章,旧例除刑名钱谷外,不得过三百字,贴黄不得过百字,如字数溢额,许通政司驳回。但紧要章疏,如兴利、除弊、奖善、惩恶等事,正须详明,有裨政治,若限定字数,不许多开款项,必致遗略。嗣后题奏本章,除式样抬头错误外,通政司不得以字数、款项多寡违式擅自驳回。知照各省督抚转行文武各衙门,一体遵行"。

例如,《文献丛编》第 24 辑多处;《明清史料》第 2 册,第 119、138、171 页;第 4 册,第 311 页;第 7 册,第 671 页;《河北第一博物院半月刊》第 23 期,1932 年 8 月 25 日,刊出了一份 1655 年题本的影印件。

题奏
题本和奏本的合称。

牒
上级官员给下属的公文,参见梅辉立编,白挨底修订:《中国政府:名目手册》,上海,1897 年,第 140 页。没有发现例子。

牒呈
下属给上级官员的公文,参见梅辉立编,白挨底修订:《中国政府:名目手册》,上海,1897 年,第 140 页。

贴黄
黄色的贴纸,一张附在题本末页的纸条,概要性地总结题本内容以便于阅读,但不允许超过 100 个字,参见上文单士魁在《清代题本制度考》第 185 页所述内容。参见《光绪会典》卷 69 (第 13 页)载:"别纸摘录本中要语,贴于本之尾,曰贴黄。"也可参见《乾隆会典》卷 81,第 14 页。单士元在《清代档案释名发凡》第 151 页论述了贴黄并不限于为题本所作摘要,也适用于所有以黄纸或黄绢书写并上呈御览的公文。兵部也有一种贴黄,虽然也摘其要语,但并不书写于黄纸之上。贴黄最终集结成为史书。

廷寄
一般来说,廷寄是军机处发给省内官员的密折,代表着皇帝的旨令。只用于重要事项。廷寄包含两种子类型：(1)字寄，军机处寄送给省内高级官员的旨意；(2)传谕，军机处寄送给省内稍低级别官员的旨意。

《嘉庆会典》卷3(第2b页)载："或速谕，或密谕，不由内阁明降者为廷寄。径由军机处封交兵部捷报处递往。视事之缓急，或马上飞递，或四百里，或五百里，或六百里，或六百里加紧。其式，行经略大将军、钦差大臣、将军、参赞大臣、都统、副都统、办事领队大臣、总督、巡抚、学政曰军机大臣字寄。行盐政、关差、藩臬，曰军机大臣传谕。皆载奉旨之年月日。"也见《枢垣记略》卷27，第3a—b页。翟理斯将廷寄定义为从宫中直接寄送给省级高官的机密信件，是针对重要事务对他们(省内官员)的指示。因此，这个解释指的是字寄。

例如，《文献丛编》第14辑，第2部分，第9b页；《史料旬刊》第3期，第101a、102a页，抬头有"廷寄"字样，正文以"军机大臣字寄"始。以上出现的均为字寄，而不是传谕，以"遵旨寄信前来"结尾，参见《史料旬刊》第5期，第153b页。这很明显，用给省内高级别官员的廷寄(如字寄)的形式代表了廷寄整体。

册

用于皇后、嫔妃等册封的公文。参见《嘉庆会典》卷2，第2a页。

例如，波士顿美术博物馆，230.38：1723年"玉书"(Jade book)[从M.卡罗利克(M. Karolik)处借]。

坐名敕

皇帝给省内高级别官员及其隶属官员的旨令。见敕谕。

奏折

同奏本。(译者按：奏折与奏本为两种类型的公文，作者原

第二章 论清代公文的种类与用途

文将其视作一种公文,有误。)

奏销册

见黄册。

奏本

也称奏折和折奏。奏本常规由奏事处呈递给皇帝,内容多为重要事务,或具奏人的私人事务,不钤盖具奏人印信,与题本不同。题本与奏本的长期"斗争"参见第 42 页注释[1]。一般而言,奏本更加直接、简捷与快速,通常来说也更有历史价值,但遗憾的是不像题本那样,分化出更多细致的子类别。关于呈送奏本的程序,参见本章第三节。

例如,《筹办夷务始末》中的奏章几乎均由奏本组成;《史料丛刊初编》第 2 册,刊印了一份 1632 年的奏本;《史料旬刊》多处刊印了军机处的奏本(军机处奏)。(译者按:作者将奏折与奏本混淆。)

奏片

也称片奏。见片。是一种简短的公文,或纪要,通常是对谕旨的回复。参见邓之诚著:《谈军机处》,《史学年报》第 2 卷第 4 期,第 195 页。

例如,《史料旬刊》第 3 期,第 99a 页;《掌故丛编》第 7 册,第 1 部分,第 42b 页。

通本

各省高级别官员经由通政司和内阁上奏皇帝的公文。通常只以汉文书写,由内阁译为满文。参见徐中舒著:《中央研究院历史语言研究所所藏档案的分析》,第 186 页。参见《嘉庆会典》卷2(第 6a 页)载:"各省将军、督抚、提镇、学政、盐政,顺天、奉天府尹,盛京五部本章俱齐至通政司,由通政司送阁,为通本。"

咨

平级官员或等级相近官员间使用的公文。参见梅辉立编,白挨底修订:《中国政府:名目手册》,上海,1897年,第138页;翟理斯著:《华英字典》,上海,1912年,第344页。特别用于在京其他衙门给军机处和各省之内使用,可用于很多方面,见下文。

例如,《筹办夷务始末》道光朝,第67部分,第48b页,记载了提督致总督的咨文;《筹办夷务始末》道光朝,第68部分,第34a页,户部致总督的咨文。

咨呈

一名官员或一个机构给级别稍高的人或机构的公文,见梅辉立编,白挨底修订:《中国政府:各国手册》,上海,1897年,第139页。来自一个没有直接隶属关系的官员或机构的公文称咨呈,见《法律大辞书》,上海,1936年,第875页。翟理斯著:《华英字典》,上海,1912年,第344页,"在一位官员的级别允许在通信时使用咨的前提下,由他呈交给比自己级别高的官员审议或使用的公文"。

例如,《史料旬刊》第13期,第472a页,1832年一份署理山东巡抚给军机处的公文;《明清史料》第7册,第679页,礼部给内阁的公文。

字寄

军机处给省府高级别官员的公文,事关朝廷对重要事件的指示,是廷寄的一种形式。

例如,《掌故丛编》第2卷,第2部分,一份大学士(同时也是军机大臣)署名的字寄;《史料旬刊》第5期,第153页。

第二章　论清代公文的种类与用途

咨会

平级官员之间的官方通信。参见翟理斯著:《华英字典》,上海,1912 年,第 344 页。

例如,《史料旬刊》第 4 期,第 110a 页,一份雍正朝给安南的咨会稿副本(这似乎和翟理斯的定义不一致);《筹办夷务始末》道光朝,第 67 部分,第 46b 页,总督发出的咨会;《筹办夷务始末》咸丰朝,第 42 部分,第 24a 页,第 7 行,一位钦差大臣给美国首领的咨会。

咨行

平级官员之间的官方通信。翟理斯著:《华英字典》,上海,1912 年,第 12 页,第 344 页。

例如,《筹办夷务始末》道光朝,第 67 部分,第 7b 页,总督给海关监督的咨行。

咨报

如一位大臣给外务部的报告。翟理斯著:《华英字典》,上海,1912 年,第 344 页。

例如,《史料旬刊》第 13 期,第 474b 页,登州镇总兵给山东巡抚的咨报。

咨文

平级官员之间的通信。翟理斯著:《华英字典》,上海,1912 年,第 12 页,第 344 页。

例如,《明清史料》第 8 册,第 701 页,兵部给户部的咨文。

字谕

上级给下级,特别是官员给普通百姓的信件通称。

例如,《史料旬刊》第 5 期,第 168—169 页,1822 年清朝政府机构给英国商人的三封信函的例子;《文献丛编》第 1 辑,一份雍正皇帝字谕的影印件。

又奏

这并不是一类单独的公文。当一位具奏人一次性上呈超过一份奏章时,在第一份奏章之后,接下来的用"再"字于附片之上。上谕也有类似处理。

例如,《筹办夷务始末》中所载。

谕

通过与西方程序进行类比,有充分理由将这个术语翻译为"指令"(Instruction);但由于它是由皇帝签发的最重要也是最广为人知的公文,所以,谕特别需要遵循传统的用法。英国早期税务监督威妥玛经常将谕翻译为"旨",但是马士博士和其他人之后译为"谕"。作为单独的一种公文,上谕通常以之前事项和奏章的摘要为开头;上谕可能给军机处、内阁或其他机构。在本章第三节有所论述。

谕旨

谕旨是已收到的谕和旨的通称。

例如,《史料旬刊》第 3 期,第 99b 页,以"谕旨"开头,正文有"内阁奉上谕"字样;《史料旬刊》第 3 期,第 103b 页,以"谕旨"开头,正文有"奉旨"字样。

御宝

25 方皇帝的宝玺名称在《大清会典》中都有列举,每一方宝玺形制不同,也有不同的名字。参见《嘉庆会典》卷 2(第 9a—10b 页)载:"凡宣纶音,皆请宝而用焉。"内阁官员负责宝玺的使用,与太监一同验看,后者负责宝玺的保存。请用御宝,先期将用宝之数奏明,诰命、敕命和敕书常行之事则不奏。《乾隆会典》卷 2,第 5b 页,载用宝只需知会内务府,这一点需要进一步研究。参见福克司《关于满洲的书目与文献的研究》,东京,1936年,第108—111页。

例如,《交泰殿宝谱》给出了25方宝玺的影印图像。

御批

同朱批,可参见朱批。

例如,《史料旬刊》第7期,第236b页。

玉牒

记录皇室世系的家谱。翟理斯著:《华英字典》,上海,1912年,第11、122页。参见《乾隆会典》卷1,宗人府,第1b页。

例如,《文献丛编》第20辑,第22页,给出了一份影印插图。

外藩

见贡表和表章:蒙古、新疆、西藏和土鲁番[1]等地诸部落首领呈递给皇帝的公文。参见徐中舒著:《中央研究院历史语言研究所所藏档案的分析》,第194—195页。

---

[1] 译者按:本节及之后的地名皆以所参考文献及原书中的中文名为准。

第三章
论清代的朝贡体系

第一节 朝贡的传统角色

19世纪中国的外交政策只有放置于中国传统的朝贡体系背景下才能够被理解。这种对外交往的制度直接继承自明代（1368—1644），也根据清朝统治者的需要进行了调适。朝贡体系作为远东儒家世界的秩序，它正式存在直到19世纪末，在1842年后的实践中逐渐被英国的条约体系所取代，而条约体系直到最近（译者按：指费正清写作本文的时代，20世纪40年代初期）还支配着暹罗、日本和其他国家，以及中国的对外关系。因此，一个世纪以前的中国外交档案，除非根据朝贡体系来研究它们，否则真的难以理解。[1]

一些先驱学者已经在政治理论、国际贸易和外交层面探索过这一庞大的课题[2]，一些学者追溯了从宋代至明末中国对外贸易管理的发展历程，而其他学人则精心翻译了15世纪初期，

---

[1] 我们感谢加德纳（C. S. Gardner）教授在几个方面的帮助，特别是在本章第五节表3.7部分。本文像之前的文章一样，旨在处理19世纪中国外交关系研究中的重要行政问题。参见费正清、邓嗣禹著：《论清代的公文传递》，《哈佛亚洲研究学报》第4期，第12—46页；《论清代公文的种类与用途》，《哈佛亚洲研究学报》第5期，第1—71页。
[2] 这份长篇的书目，包括脚注中使用的缩写，请见本文末尾的附录1。

第三章 论清代的朝贡体系

明朝七次航海远行的文献。在 1403—1433 年间,这数次由太监郑和等人率领的远航,将多达 60 艘船和 27000 人的中国船队带入印度洋,在某些情况下甚至远行至阿拉伯和非洲。这一时期,作为中国朝贡关系的顶峰,理所当然地引起人们的关注。然而,研究清代朝贡体系的著述很少,更少有人将 19 世纪令人遗憾的中国外交政策与其背后的深厚传统相联系。要做到这一点,需要许多学者长期的努力。

本文试图对清代(1644—1912)[1]朝贡制度的发展进行一个初步考察。为了对如此宏大的主题得出一个有用的结论,此研究主要依据各版本的《会典》[2]进行,它们不仅是了解朝贡体系总体结构的基础官方史料,而且随着各版本《会典》的变化与修订,能映射出超过 200 年的历史。此外,《会典》既是当时行政实践的记录,也是官僚机构日常活动的指南。在这一点上,它们优于后来官方编纂的文献,如《清史稿》。《清史稿》所载与当时的情况有差距,如果不是为了后人,也是由后人来编纂的。在继续介绍和分析材料之前,我们先对朝贡在中国王朝中的功能作一简要论述,这有助于提出进一步的研究问题。

以分析为目的,可以指出几点:(1)朝贡制度是早期中国文化优势的自然产物;(2)朝贡制度被中国统治者用于达到自卫的政治目的;(3)在实践中,朝贡制度有一个非常根本性的和重要的商业基础;(4)朝贡制度是中国国际关系和外交的媒介。

---

[1] 译者按:原书如此,根据《现代汉语词典》(第 7 版)清代起止时间为 1616—1911 年。
[2] 《大明会典》或《钦定大清会典》;下文中的各版本《会典》按发布时的皇帝年号引用,按时间顺序如下:《万历会典》(大明会典,1587 年序文);《康熙会典》(大清会典,1690 年刊刻);《雍正会典》(1732 年序文);《乾隆会典》和《乾隆会典则例》(两部均在 1764 年完成);《嘉庆会典》和《嘉庆会典事例》(两部均在 1818 年完成);《光绪会典》和《光绪会典事例》(两部均在 1899 年刊行)。

简而言之,朝贡制度拥有完整的架构,作为一个解决世界组织问题的历史方案,它值得被关注。

在明清时期制度化的朝贡体系背后,隐藏着中华文化对"蛮夷"优越性的古老传统。[1] 自青铜时代开始,当商文明首次以"文化岛"(cultural-island)的姿态出现在中国北方时,这种文化优势一直是中国思想中的一个显著元素,定居于黄河流域的农耕社会与长城以外的游牧草原文明有着长久的冲突,加之中原文明不断向南方的部落扩张,其部分遗存被云南和贵州所吸收,都使这种优越性得以延续。

从与北方和西北的游牧民族,以及与南方的土著民族接触中,中国人似乎得出了某些基本假设,可以表述如下:第一,中国对于蛮夷的优越感有着文化基础,而不仅仅是政治基础。它更多地依赖于体现在儒家行为准则和中文书写语言等方面的中国生活方式,而不是武力。蛮夷的标志并不是种族或起源,而是不遵守这种生活方式。第二,按此逻辑,蛮夷希望"来华",从而享受到中华文明所带来的利益,这就必须承认皇帝的至高无上的地位。因为天子在自然力量面前所举行的祭祀仪式,代表了普天之下的所有百姓,包括中国人和蛮夷。坚持中国的生活方式,自然就意味着承认皇帝统治是天命所归。皇帝作为天地之间调

---

[1] 要建立某些关键术语令人满意的对等名词不容易。藩,用于指代中国以外的国家,其内涵介于"外国"和"蛮夷"之间。我们通常使用更温和的术语。蛮、夷、戎、狄分别指代来自南、东、西、北的"野蛮人"。但是,"夷"也是所有"野蛮人"的统称(参见《文献通考》卷324,第4页)。"四夷"一词是居住在以中国为中心的文明世界四周的各种蛮夷的合称。因此,它泛指所有"野蛮人",而不是指任何特定的地方。布鲁纳特著作(《当代中国的政治机构》)第392页中在翻译会同四译(夷)馆时有错误,译成了"四个附属国使节驻地;这里有来自朝鲜、暹罗、东京和缅甸的使节……"。在明代,四夷馆负责明朝和天下所有"蛮夷"的关系,当时并没有理藩院(见本章第三节)。因此,《四夷馆考》(罗振玉编,1924)既记载了与蒙古、撒马儿罕、西藏、哈密等的关系,也记载了与占婆、日本、爪哇、缅甸等国的关系。

第三章 论清代的朝贡体系

和人的至高无上的地位,在后来欧洲使节所反对的三跪九叩的叩头礼[1]中表现得最为明显。皇帝至高无上的地位还通过贡使带来当地的贡品、正式赐予印章(类似于欧洲中世纪封臣的授衔)和其他方式予以确认。因此,朝贡体系作为这些形式的总和,是一种有效的机制,让非中国的蛮夷地区在包罗万象的中国政治和道德体系中占有一席之地。[2]

这个理论对于中国史学者来说当然是熟悉的,但实际也仍

---

[1] 矢野仁一(Yano Jinichi)在《中国近代外国关系研究》(京都,1928)第151—180页中,总结了许多有关该主题的中国和西方文献。需要强调的是,叩头是表达与天子关系时人类所共有的做法,包括中国人和蛮夷。帝国的最高县政要们在适当的场合举行这个仪式,就像皇帝本人在祭天时所做的一样。单方面的叩头表达了在普世秩序中的低下地位,没有这种表示就没有秩序。因此,在适当的环境中,它是适当的、荣光的,且确实是得体的举止。其他情况可能不需要太复杂的仪式,例如,一跪三叩首。严格来讲,这种仪式也是一种磕头。为了清楚起见,我们建议用"全叩头"指代三跪九叩礼;"温和的叩头"指代三跪九拜礼;"一叩头"或"二叩头"指代一跪三叩礼和二跪六叩礼。这种代表了全人类秩序的普遍仪式秩序,可以通过对《大清通礼》(卷42,军礼,译者按:原作者引用版本不详,卷数、页码可能与如今的版本有出入)的随机引用来说明:在宣布祭祀仪式时,皇帝行较为温和的叩头礼(第4b页)。在从皇帝手中间接接过印信后,大将军和随众行"全叩头"礼(第12b页)。在一个另外的仪式中,王公、部院大臣和官员们随从皇帝行三跪九拜礼(第21页)。之后,王公和部院大臣行一跪一叩礼,然后各于坐次行一叩礼(第21b页)。当蒙古王公与满洲宗室王公相见时,他们均行"二跪六叩礼"(卷46,宾礼,第1页)。京师官员与省内官员彼此行三揖礼(第5、11、15页)。参见翟理斯《华英字典》中"作"字的解释:"通过弯腰来行礼,直到手接触到膝盖以下一点,然后抬手至眉梢处"。对待上级官员,一跪三叩礼可能会被使用,也许跟着三揖(第14b、16b、17页)。揖手礼和类似的礼仪也适用于师徒、朋友和亲属之间(第21—22页)。在这一切内容中,关于进门的先后顺序和坐下的方向也均有详细的规定。值得注意的两点是:(1)个人之间的所有仪式,是在双方都参加的基础上的,是对等的;(2)蛮夷贡使(卷45,宾礼,译者按:《大清通礼》"宾礼"部分在卷42—44,此处似有误)的礼仪是刚刚提到的整个仪式中的一部分。持平等主义的西方人没有准备好在这套礼仪系统中保持他们恰当的地位。

[2] 林同济(T. C. Lin)在《明代女真的贸易与朝贡:一项中国治理边疆人口的理论和方法研究》["Manchurian Trade and Tribute in the Ming Dynasty: A study of Chinese Theories and Methods of control over Border Peoples"],《南开社会经济季刊》(*Nankai Social and Economic Quarterly*)第9卷第4期,1937年1月]一文中已经雄辩地阐明了朝贡各方面的合理性。其大背景参见拉铁摩尔:《中国的亚洲内陆边疆》(Lattimore, *Inner Asian Frontiers of China*),纽约,1940年。

然存有争议。在中国和蛮夷交往的过程中,商业关系变得与朝贡制度密不可分。"蛮夷"的贸易通常由商人主导,他们伴随着贡使到达边境,甚至是京师。有时,商业活动由朝贡使团自身的成员进行。自从166年来自东罗马的商人、自称是马可·奥勒留的使者来到中国后,将这种朝贡作为贸易的外衣,已经司空见惯了。因此,本尼迪克特·德·戈兹(Benedict De Goez)在1604年穿越中亚时,描述了来自西方王国的"虚假大使"——商人们——的形象,他们"伪造公开的信件,以国王代表的名义自称",以及"假装贡使前来向皇帝进贡"[1]。我们还可以举出其他无数的事例,在这些朝贡事例中,进贡者认为朝贡仅是一种贸易的形式。事实上,在澳门和广州,欧洲人只关注贸易的实质,而最终忘记了理论上仍然与之相伴随的形式。

然而,这种经济论断的阐释是从蛮夷的角度做出的,而朝廷的动机却大不相同。

蒋廷黻博士已经简明地阐述了朝贡制度是出于政治防卫目的而被朝廷发展起来的论点:"经过激烈的斗争和苦涩的屈辱(11世纪和12世纪),新儒学开始主导中国,制定出了一条关于国际关系的准则,一直到19世纪中叶都在中国占据主导……这条准则主张国家安全只能在孤立中存在,并规定任何想与中国

---

[1] 尤尔爵士(Sir Henry Yule)著,考尔迭修订:《东域纪程录丛》(*Cathay and the Way Thither*)第4册,伦敦,1913—1936年,第235、242、243页。其他事例参见葛路耐(W. P. Groeneveldt)著:《南洋群岛文献录》(*Notes on the Malay Archipela go and Malacca, Compiled from Chinese Source*),1876年,第4—5页;戴闻达著:《马欢重考》(*Ma Huan Re-examined*),阿姆斯特丹,1933年,第74页;《15世纪早期中国航海远征的确切时间》("The True Dates of the Chinese Maritime Expeditions in the Early 15th Century"),《通报》第34期,1939年,第378—379页。张星烺在《中西交通史料汇编》(第5册,第534页)提出,1502年甘肃巡抚奏报有来自西域的"自称为王"(self styled rulers)的150多人前来贸易。参见《明史》卷332,同文书局编,1894年版,第6页。

建立关系的人都必须以中国附属的身份存在,承认中国皇帝至高无上的地位,服从他的命令,因此排除了在平等条件下进行国际交往的所有可能性。"这种准则绝对不能被理解为征服或普世统治的信条,因为它对于选择留在中国世界之外的人并没有施加影响。它寻求和平与安全,而这两者在国际关系中是无法兼容的。如果不得不产生联系,那就必须是宗藩关系,接受这种关系对蛮夷而言,也就意味着接受了中国人所接受的中华伦理准则。

"不要认为中国朝廷从朝贡中获利了。朝廷回赐给朝贡者的物品通常比贡品更有价值……在19世纪下半叶之前,中国的政治家对于应该或可能通过国际贸易增加国家财政和财富的观点嗤之以鼻。对中国而言,贸易许可成为了帝国慷慨的标志,也是让蛮夷保持适当的恭顺状态的一种手段……"[1]

因此,我们可以得出结论:贸易和朝贡是单一对外关系体系的同源面,在中国统治者的思想中,朝贡的道德价值更重要,而在蛮夷的思想中,贸易的物质价值更重要。这种利益平衡令彼此心满意足,而朝贡系统也得以继续运行。由此我们可以进一步得出结论,朝贡制度实际上是反向运作的,蛮夷的臣服实际上是通过中国的贸易让步来购买和支付的。但是,这最后一点过于简单化,与体制背后的整套思想背道而驰,也忽视了帝国的经济利益可能性,这个问题值得探索。例如,丝绸的出口贸易。简而言之,目前似乎无法得出另外一种概况:朝贡体系是一个框架,在这个框架内各种利益——个人的和帝国的,经济的和社会

---

[1] 蒋廷黻:《中国与欧洲的扩张》("China and European Expansion"),载《政治》(*Politica*)卷2第5期,1936年3月,第1—18页,引自第3—4页。本文是在伦敦经济学院的一次演讲。

的,都得以表达。进一步的研究应该揭示贪婪与治国方略,王朝政策与既得利益之间的相互作用,类似于其他伟大的政治制度。

朝贡体系一个未被触及的方面,是它作为一种外交媒介的功能。由于所有外交关系在中国的角度看来都是事实上的朝贡关系,故而所有类型的国际交往,如果它们在中国的经验中的确发生过,都必须适应朝贡体系。因此,有时中国特使被派往海外侦察敌人动向或寻求结盟,而外国使者来到京师进行谈判,都是在这个框架内进行的。作为这方面的介绍,我们下文引用的内容来自明代官修典籍《大明集礼》[1]序文中朝贡礼仪的部分。当然,这些序文叙述的是朝廷希望每个人都相信的在中国历史进程中普遍发生的事情,但是这只是提高了它们对于我们研究目的的价值。(我们省略了描述各个部落和统治者细节的段落。)

宾礼一·蕃王朝贡

"先王修文德以柔远人,而夷狄朝觐,其来尚矣。

"殷汤之时,氐羌远夷来享来王。太戊之时,重译来朝者七十六国。

"周武王克商,大会诸侯及四夷,作王会[2],周礼秋官象胥氏[3]掌蛮夷闽貊戎狄之国,使而谕说焉。

"汉设典客及译官、令丞以领四夷朝贡。又设典属国及九译令。武帝元鼎六年,夜郎入朝。自后,外夷朝贡不绝。甘露元

---

[1] 《大明集礼》(宫廷版,1530)卷30—32,宾礼,第1—3页。我们分别引用总序和宾礼前两到三页的内容。

[2] 《王会》篇,见于《逸周书》卷7。参见《广汉魏丛书》第34—36册,1592年版。

[3] 参见《周礼·象胥》卷38,第14b页。(《十三经注疏》,1815年)

第三章　论清代的朝贡体系

年,呼韩邪单于来朝。三年,呼韩邪单于稽居狦[1]来朝,并见于甘泉宫。[2] 河平元年,四夷来朝领于大鸿胪。[3] 四年,匈奴单于朝正月引见于白虎殿。元寿二年,单于来朝,舍之上林苑蒲萄宫。顺帝永和元年,倭奴王来朝,皆有宴飨赐予之制。

"唐设主客郎中,掌诸蕃来朝。其接待之事有四,曰迎劳,曰戒见,曰蕃王奉见,曰宴蕃国主,其仪为详……

"宋奉朝贡者四十余国,皆止遣使入贡。虽蕃王未尝亲入朝见,而接见之礼见于礼书者与唐略同。

"元太祖五年,畏吾儿国王奕都护来朝。世祖至元元年敕高丽国王植令修世见[4]之礼。六月,植来朝于上都。其后蕃国来朝,俟正旦圣节大朝会之日而行礼焉。

---

[1] 参见《前汉书》卷94(宫廷版,1739),B部分,第3b页。公元前58年为单于[参见《前汉书》卷94(宫廷版,1739),A部分,第37页]。这里给出的名字相当于侯,与《康熙字典》中对"狦"的解释相同。
[2] 甘泉宫,位于陕西省西安市西北方的一座夏宫,可追溯至秦始皇时期。参见翟理斯著:《华英字典》,上海,1912年,第5823页。
[3] 大鸿胪,参见鸿胪寺,唐代和清代负责礼仪的机构。桑原骘藏(Kuwabara)在《蒲寿庚考》("On P'u shou-Kêng, a Man of the Western Regions")中称之为"外国事务衙门"[《东洋文库欧文纪要》(*The Memoirs of the Research Department of Toyo Bunk*)第7期,第14页]。
[4] 世见,参见《周礼·秋官司寇第五·衔枚氏/司仪》"大行人",卷37,第20页,"世一见"。

"今拟国朝蕃王来朝,先遣应天府官迎劳。既至馆[1],复遣省部设宴,然后习仪朝见于奉天殿及见皇太子于东宫朝。见毕,锡宴以享之。省、府、台皆设席宴飨。及还,遣官劳送出境。今具其仪,作蕃王朝贡篇。"[2]

宾礼二·蕃使朝贡

"《周礼》四方之使者至,大客则傧,小客则受其币,而听其辞。小客谓蕃国之使臣也。蕃国之使皆夷人,不习其礼,故直听其辞而已。[3] 武王克商,通道九夷八蛮。西旅越裳、肃慎、洋水等国重译来献,皆受其贽而听其辞。

"汉……三十六国皆内属贡献……前后来献皆享劳以遗遣之。

"唐蕃使贡献,其宴见之礼有四:曰迎劳,曰戒见,曰受蕃使

---

[1] 馆,代表会同馆。这是指礼部下设的会同四译(夷)馆,而不是兵部下属的会同馆(参见梅辉立编,白挨底修订:《中国政府:名目手册》,上海,1897年,第182页,xiv)。但这提出了一个典型的翻译问题,对于众所周知的称谓,用什么英文词语来表示? 布鲁纳特(《当代中国的政治机构》,第392页)对四译馆的翻译就如同第98页注释[1]所提及的,有错误。张德昌(《明代广州之海舶贸易》,《中国社会及政治学报》第17卷,第273页)直接使用罗马拼音 Hui-tung-kwan,而不尝试翻译,但是这也会涉及与上文提及的兵部下属机构产生歧义的问题。林同济(《明代女真的贸易与朝贡:一项中国治理边疆人口的理论和方法研究》,《南开社会经济季刊》第9卷第4期,第879页)将其译为"Cosmopolitan Palace"(都会宫),这个名字听起来意思不错,但可能有点儿浮夸。张德泽(《军机处及其档案》,第50页)用"四夷馆"作为解决方案,避免了会同馆的翻译问题,但对于非汉学的读者而言,这并非解决之道。为了尽可能接近目前可用的主要手册(《当代中国的政治机构》),我们建议用"Residence for Tributary Envoys"作为对应翻译。戴闻达(《1794—1795年荷兰赴华使节记》,《通报》第34期,1938年,第45—49页)使用"lodging house"(公寓)一词来作为对应的英文词汇,这不是一个官方的名称,被林同济批评为"过度翻译"。戴闻达教授也描述了(《嘉庆会典事例》)7处不同时期用作贡使居所的地点,名义上都是在会同馆之下,或属于会同馆的一部分。因此,这一名称不能轻易地与某个特定地点联系起来。

[2] 《大明集礼》卷30,第1—2b页。

[3] 参见《周礼·秋官司寇第五·衔枚氏/司仪》"小行人",卷37,第24页。

表及币,曰皇帝宴藩国使。

"宋蕃国使至,宴见于紫宸殿及崇政殿。迎劳、戒见、宴飨之仪皆与唐同。

"元自太祖时,畏吾儿、回鹘、西夏、西域、高丽皆遣使入贡。世祖以后,安南、占城、云南、金齿[1]、缅国、大理、拂郎[2]等国亦皆遣使贡献。

"国朝洪武二年,占城国遣陪臣虎都蛮来贡,高丽遣陪臣礼部尚书洪尚载,安南遣陪臣同时敏等,皆贡方物。既至,有司奏闻,出国门以迎劳。择日进表、币、方物于奉天殿,毕,进笺及方物于中宫、东宫上位。遣官于会同馆,赐宴毕,东宫复遣官礼待。省府台皆有宴。将还,遣使劳送出境。如或常朝,则中书接受表、笺、方物。次日,使者随班入见,其宴赐。上位、东宫取旨礼待。今具其仪,作蕃使朝贡篇。"[3]

宾礼三·遣使

"古者天子于服内诸侯,有间问、致赈、贺庆、致襘之礼。九州之外,未尝遣使往聘也。

"汉高帝遣陆贾使南粤,赐以印绶。孝文之时,复遣陆贾奉诏使南粤。孝武有事四夷,遣张骞以郎使西域,苏武以中郎将使匈奴。自后蕃国有丧,则吊问。来聘,则报命。乞降,则授玺绶。光武建武二十六年,遣中郎将段郴、副校尉王郁使南单于。单于拜伏受诏。三十一年,单于薨,遣中郎将段郴将兵赴吊。

---

[1] 金齿,意为金色的牙齿,老挝或掸等部落有将牙镶金的习俗。
[2] 拂郎被翟理斯(《华英字典》,第3659页)认为是拂菻,现在被认为是东罗马帝国或叙利亚。
[3] 《大明集礼》卷31,第1—3页。

"唐使外国谓之入蕃使……

"宋使外国谓之国信使。太祖开宝八年,遣西上阁门使郝崇信使契丹,以太常丞吕端副之。自是信使不绝……

"元太祖六年,遣使至畏吾儿国,其主奕都护大喜,厚为之礼,因遣使纳款。世祖中统元年,遣礼部郎中孟甲、员外李俊使安南、大理。至元三年,遣兵部侍郎黑的使日本。二十八年遣礼部尚书张立道使安南。二十九年,复遣梁曾、陈孚使安南,召使入朝,且谕其子入觐。

"国朝混一区宇,分遣使者以柔远人。其高丽、安南、占城等国皆颁诏往谕,复敕使往授印绶。又降香币以祀其国之山川,其柔抚四夷之意备至。今详著开诏锡印赐予之仪,作遣使篇……"[1]

在刚刚引用的官方文献记载中,有几件事比较突出。天子和朝贡国之间的关系是基于伦理的,因此是相互的。朝贡使们恭顺而虔诚,皇帝则富有同情心,却又居高临下。这种相互的关系需要一种正式的表达。进贡是一种礼仪性的表现,通过帝国的款待和赏赐的形式来予以平衡。因此,仪式非常重要,非常复杂,必须事先在指导下进行。中国官方著作[2]中给出了详尽的规定,可以与中世纪欧洲的封建和教会仪式相媲美。

但是,像欧洲的经验一样,(朝贡制度)在这种仪式的外衣

---

[1] 《大明集礼》卷32,第1—3页。
[2] 参见《万历会典》卷58(第8b页,第9行),载:"蕃王与众官皆跪,使者宣制曰,皇帝敕使某,持印赐尔国王某,并赐某物,完毕。使者捧所赐印,并某物西向,授蕃王。蕃王跪受,以授左右讫。引礼,唱俯伏。兴,平身。司赞唱同。蕃王及众官皆俯伏,兴,平身……"对于《大清通礼》卷43的一般进贡仪式,颇节(Pauthier)在《中国与西方国家关系史》(Histoire des relations politiques de la Chine avec les puis' sances occzdentale,巴黎,1859年)第14—22页中给出了一个虽不完美,但对大体理解朝贡仪式有用的翻译。

下取得了非常实际的效果。悼亡作为在儒家生活中一项重要的礼仪,皇帝可能适时地派出他的使节赴海外悼念去世的外国统治者,而与之同时也要了解新统治者的信息,并可能在某些问题上对外国施加压力。段郴在前去吊唁匈奴时,就带领了一支军队。赐予新统治者一个朝廷的印信,与西方承认新政府的做法明显相似。某种外交礼仪也延伸到朝贡使身上,他们由官方的驿站行进,如果死在中国,则会接受国葬。其他类比也可以表明朝贡制度起到了外交媒介的功能。这种以自我为中心的方式可以满足对外交往的正常需要,这一事实往往会使它倾向于永久化,并使任何其他体系看起来都不可能。因此,清朝在近代固执己见地试图以传统朝贡机制来解决外交问题是致命的。

第二节 晚明的朝贡国

前面的文章试图提出研究这一主题的某些途径,而任何一个方式都可以成为一个主题本身。然而,材料的性质似乎决定了开展调查的顺序:研究与朝贡相关联的政治理论和民族心理学,必须先对朝贡制度的基本事实有更全面的了解,特别是了解它的经济基础——朝贡国和中国的贸易状况如何?反之,这一重要的商业领域问题,或许最容易通过对朝贡使本身的研究,如他们从哪里来,多久来一次等问题来探寻。这就引出了一个直接的问题,中国以外的哪些地方是积极的朝贡国?在他们派遣贡使的过程中可以观察到哪些波动?

研究清史的学生是幸运的,不仅在于他们有机会去探索一片处女地,而且还在于许多杰出的学者已经通过他们对于明代的研究建立起一些支点,清史研究可以以此为起始点。对于郑和下西洋的研究就是一个例子,更不用说对于中世纪的中亚旅行者的研究了。此外,由于清朝几乎按原样接收了明代行政管理体系,只是有限地做了改变,所以只有真正了解了明代的背景,才能真正理解清代政府体系。因此,我们先从晚明的朝贡体系开始。

除一些位于边疆的土著部落归于兵部管辖外,明朝其他的朝贡关系均由礼部下属的主客清吏司负责。[1] 下文表3.1展示了在最后一版的《大明会典》(1587)[2]中主客清吏司所列出的朝贡来源。从中我们立刻可以看出,这份列表包括了一些约两个世纪前郑和船队曾到访过的遥远地方,但是大部分建立起的正式关系,在明朝1433年最后一次下西洋之后很快终结了。因此,它会让人对1587年积极的朝贡国数量产生完全错误的印象。相反,它应该是一份与明朝有过朝贡关系的所有国家的名单。[3] 为了给读者提供一个指导,我们可以按照以下分类来统计,这些分类是《大明会典》中所给出的:

(1)东方与南方的朝贡,第一部分:18个(朝鲜至淡巴)

---

[1] 《大明会典》(《万历会典》卷105,第7册)以下文字开篇,"主客清吏司:郎中、员外郎、主事分掌诸蕃朝贡、接待、给赐之事。简其译伴,明其禁令。凡百官恩赉,各省土贡亦隶焉。朝贡一:国初,诸蕃及四夷土官朝贡,具载职掌。其后,慕化者众,事例日增。土官衙门添设,别见兵部,而事关朝贡者附此","祖训列不征诸夷:朝鲜、日本、大小琉球、安南、真腊、暹罗、占城、苏门答剌、西洋、爪哇、彭亨、百花、三佛齐、浡泥凡十五国,职掌有所载。又有琐里、西洋琐里、览邦、淡巴、须文达那诸国,与祖训稍有不同"。接下来的《大明会典》的引文见本页注释[3]。

[2] 《万历会典》卷105—108。出于比较的目的,我们将1587年版的《大明会典》中所录的这份名单列出,作为对这种情况最为准确的描述,它比1690年版的《大清会典》早了近一个世纪。它可以与《明史》卷320—332中列出的一份非常相似的名单相比较,参见薄乃德(E. Bretschneider)在1876年进行的一项比较调查(见附录1)。

[3] 这一事实在《大明会典》的开篇间接地表明:"洪武初,分遣使臣奉诏往谕诸蕃,以平定四海之意。多随使来朝贡者。八年,谕安南、高丽、占城等国,每三年一朝贡。国王嗣位则世见。永乐中,数有事于西洋,遣中使以舟师三万,齐金帛谕赐之,随使朝贡者十有六。"在《万历会典》之前的一个半世纪中,没有进一步关于朝贡的说明。

（2）东方与南方的朝贡，第二部分：45 个（苏禄至沙里湾泥）

（3）北方进贡部落：

迤北小王子	3 条（蒙古王公等）
东北夷	2 条（女真等）
西面的朝贡，第一部分	4 条（哈密等）
	西域 38 国
	西方 13 国

（4）西面的朝贡，第二部分：（西藏和其他边疆部落，20 个，不列出）

（本文共列出条目：123 个）

这些地名的对应中文和解释参见本章第八节的索引。

至于第二个问题，这些朝贡国的进贡频率，我们在每个地方的后面注明了《会典》编纂者所列出的时间。[1] 这些（数字）可能被认为是重要的里程碑，至少在编纂者的心中如此。（前七个国家，即朝鲜到占城，相对规律地派出使者赴中国朝贡，《会典》的编纂者给出了一些额外的事实，说明了朝贡使团的周期和路线。）

---

[1] 在《大明会典》中，大部分朝贡事件都只以年计。中国的阴历与阳历大约有 34 天的重叠时间，占比 10%。因此，平均而言，《会典》中所给出的十分之一的日期可能是代表下一年（西方一月份）的时间。

表 3.1　1587 年的明代朝贡国(部分)

国家/地区	朝贡使团	周期	路线
朝鲜	1369 年开始	1372 年,每三年一贡;1403 年以后,每一年一贡	鸭绿江 辽阳 山海关
日本	1374 年拒绝,1381 年接受,1403—1551 年间偶尔朝贡	十年一贡	宁波
琉球	1368 年开始	每二年一贡	福州
安南	1369 年开始	每三年一贡	广西平阳州
真腊	1371 年开始	朝廷未规定	广东
暹罗	1371 年开始	每三年一贡	广东
占城	1369 年开始	每三年一贡	广东
爪哇	1372 年、1381 年、1404 年、1407 年	1443 年定每三年一贡,以后未规定	—
彭亨	1378 年、1414 年	—	—
百花	1378 年	—	—
三佛齐	1368 年、1371 年、1373 年、1375 年、1377 年	—	—
浡泥	1371 年、1405 年、1408 年、1414 年、1425 年	—	—
须文达那	1383 年	—	—

续表

国家/地区	朝贡使团	周期	路线
苏门答腊	1405年、1407年、1431年、1435年	—	—
西洋琐里	1370年、1403年	—	—
琐里	1372年	—	—
览邦	1376年（1403—1424年间，1426—1435年，加入邻国一起进贡）	—	—
淡巴	1377年	—	—
苏禄	1417年、1421年	—	—
古麻剌	1420年	—	—
古里	1405年、1407年、1409年	—	—
满剌加	（经由广东）1405年、1411年、1412年、1414年、1424年、1434年，1445年开始频繁入贡，1459年	—	广东
婆(娑)罗	1406年	—	—
阿鲁	1407年与古里等国一同朝贡	—	—
小葛兰	1407年与苏门答腊等一同朝贡	—	—
榜葛剌	1408年、1414年、1438年	—	—
锡兰山	1411年、1412年、1445年、1459年	—	—

续表

国家/地区	朝贡使团	周期	路线
沼纳朴儿	1420年	—	—
拂菻	1371年	—	—
柯枝	1404年、1412年	—	—
麻林	1414年	—	—
吕宋	1372年、1405年、1576年(经由福建)	—	福建
碟里	1405年与爪哇一同朝贡	—	—
日罗夏治			
合猫里			
古里班卒	1405年	—	—
打回	1405年	—	—
忽鲁谟斯	1405年	—	—
甘把里	1414年	—	—
加异勒	永乐朝(1403—1424)	—	—
祖法儿	—	—	—
溜山	—	—	—
阿哇	—	—	—
南巫里	—	—	—
急兰丹	—	—	—
奇剌尼	—	—	—
夏剌比	—	—	—
窟察尼	—	—	—
乌涉剌踢	—	—	—

第三章　论清代的朝贡体系

续表

国家/地区	朝贡使团	周期	路线
阿丹	—	—	—
鲁迷	—	—	—
彭加那	—	—	—
捨剌齐	—	—	—
八可意	—	—	—
坎巴夷替	—	—	—
黑葛达	—	—	—
剌撒	—	—	—
不剌哇	—	—	—
木骨都束	—	—	—
南渤利	—	—	—
千里达	—	—	—
沙里湾泥	—	—	—

《万历会典》在朝贡国之后紧接着是北方的"蛮夷"(部落),主要是瓦剌,详见下面注释所述。[1]

---

[1] "朝贡三·北狄。北狄鞑靼最大。自胡元遁归沙漠,其余孽世称可汗。东兀良哈,西哈密,北瓦剌。瓦剌强,数败鞑靼,其后兀良哈、哈密皆内附,而兀良哈遂分为朵颜等三卫。瓦剌酋马哈木封顺宁王,鞑靼酋阿鲁台乞降,封和宁王,皆遣使入贡。自后叛服不常。成化中,小王子亦通贡,贡无常期。隆庆中,俺答封顺义王,每岁贡马互市,至今不绝。"迤北小王子:瓦剌三王(1403 年始贡,每年一贡,自 1458 年中断);顺义王(自 1570 年始贡);朵颜、福余、泰宁(1388 年来朝,自 1403 年始,一年两贡)。东北夷:女真,因地遥远,贡无常期。海西建州每年一贡。薄乃德[《基于东亚史料的中世纪研究》(*Mediaeval Researches from Eastern Asiatic Sources*) 第 2 册,第 159—173 页] 对《明史》同一主题进行了广泛的批判性说明,《亚洲杂志》(*Journal Asiatique*) 第 9 期上也有相似的描述(第 7 卷,1896 年,第 173—179 页)。

再接下来是"西戎上:自陕西、兰州渡河千五百里至肃州。肃州西七十里为嘉峪关。嘉峪关外,并称西域,而陕西以南,并四川,抵云南外徼并称西番。西域七卫,曰哈密、曰安定、曰阿端、曰赤斤蒙古、曰曲先、曰罕东、曰罕东左,皆在关西,而哈密又最西……"

表 3.2　1587 年的朝贡政权(西戎上)

哈密	1404 年始贡,1465 年起每年一贡,1475 年起每五年一贡
安定	1374 年始贡
罕东	—
赤斤蒙古	1404 年贡,1563 年起每五年一贡
曲先	1437 年贡

"西域三十八国,朝贡皆经哈密。其贡期或三年,或五年一次,起送不过三十五人。"三十八国如下:

表 3.3　1587 年的朝贡政权(西域)

哈烈	洪武三十五年(1402)遣使入贡,永乐七年(1409)、正统二年(1437)俱遣使来朝
哈三	—
哈烈儿	—
沙的蛮	—
哈失哈儿	—
哈的兰	—
赛兰	—
扫兰	—
亦力把力(又名别失八里)	1391 年、1406 年、1413 年、1418 年、1437 年入贡,1457 年(景泰、天顺)后入贡不绝
乜克力	—
把丹沙	—

续表

把力黑	—
俺力麻	—
脱忽麻	—
察力失	—
斡失	—
卜哈剌	—
怕剌	—
失剌思	—
你沙兀儿	—
克失迷儿	—
帖必力思	—
果撒思	—
火坛	—
火占	—
苦先	—
沙六海牙	—
牙昔	—
牙儿干	—
戎	—
白	—
兀伦	—
阿速	—
阿端	—
耶思成	—

续表

坤城	—
捨黑	—
摆音	—
克乩	—

下表继续列出西戎国家。

表 3.4　1587 年的朝贡政权（西戎下）

土鲁番	1430 年、1497 年、1509 年、1510 年入贡，1523 年后五年一贡
火州	1409 年、1430 年入贡
柳陈城	1430 年入贡
撒马儿罕	1387 年、1389 年、1391 年入贡，1523 年后五年一贡
鲁迷	1524 年后，经甘肃，五年一贡
阿拉伯	宣德朝（1426—1435）、1517 年入贡，嘉靖年间（1522—1566）定五年一贡
默德那	宣德朝（1426—1435）
于阗	1408 年入贡
日落	永乐朝（1403—1424）
八答黑商	—
俺都淮	—
亦思弗罕	—
黑娄	宣德七年（1432）遣使入贡
额即乩	嘉靖朝（1522—1566）
哈辛	—

注意："西戎"下的名单中还包括乌思藏（《万历会典》卷 108），然后是

乌思藏边界或西南地区的数十座寺庙和部落。

与明代其他文献中的名单对比可知，这四个表（《万历会典》）中所列出的名单相对完整[1]，可以让我们尝试做出如下分析。

除去前7个相邻地方和那些明显重复的条目，大约有50个朝贡国是通过海路入贡（大约有15个尚未确定）。在郑和下西洋（1403—1433）之前，已经有十余个国家被记载曾遣使入贡。但在1433年之后，只有6个国家依然入贡：爪哇，1443年；苏门答腊，1435年；满剌加，1459年；榜葛剌，1438年；锡兰山，1459年；吕宋，1576年——这是一次例外，与抓捕海盗的奖励有关。而且，除了所指出的那次例外，这些经海上而来的朝贡国在1460年之后就没有再入贡的了。

再转到陆路朝贡方面，如果我们越过北方的蒙古和其他地区，以及西部边陲，如哈密等地，我们就可以发现名单上有西域的38个朝贡国，据说它们是通过哈密参与到交流与朝贡中的。名单上被列出的这些小国都没有评注，逐条逐项几乎和《明史》中给出的列表一样（参见薄乃德著：《基于东亚史料的中世纪研究》第2册，伦敦，1910年，第314—315页）。据我们所知，这名单中的近一半地方的识别存疑，此后编修的《明史》虽然给出的

---

[1] 1587年版《大明会典》中的名单可与（明代以前的）《文献通考》（卷324—332）比较，后者仅包括97处地方或民族。清代对《文献通考》进行了补充，在1747年编纂完成的《续文献通考》中的相应部分（卷239—250），列出了125处地方或民族；这主要是针对明朝时期而言，而大量条目是关于土著居民、边境部落或19世纪真正在中国疆域之内的地方。另一部文献《大明一统志》（卷80—90）列出了56个朝贡国，都被上文列表所涵盖。薄乃德（《基于东亚史料的中世纪研究》第2册，第176—315页）主要以《明史·外国传》（卷329—332）为依据，列出了43个朝贡国，加上38个小地方（29个借哈密入贡），所有这些地方都从西面通过陆路与中国往来。有一些地方并没有在上文名单中，其中一半的名称是十分晦涩难懂的。

列表很相近,但并没有完全照抄《大明会典》,似乎是一个流传下来的记载,这种传统的点名式记录对我们的目的而言没有有效性;也许,其称谓起源可以在更早时代的著作中发现。相比之下,列表结尾所给出的十几个西部地名及其详细的信息,显然在历史重要性方面更有意义,尤其是土鲁番、撒马儿罕、鲁迷和阿拉伯。这四个地方,加上亦力把力和两个结尾处给出的不太知名的地方,很显然是主要的朝贡国家(或部落),它们通过中亚独立入贡,而所有其他(国家或部落)则归入哈密之下一同入贡。它们似乎很适合作为商队贸易中的所谓的或实际上的商人来源。重要的是,在1522年后的嘉靖朝初期,它们的朝贡活动被常规化地建立起来。

这些观察证实了这样的假设:15世纪中叶以后,派遣朝贡使团入明的这项主要活动,已从南方的海路转移到了西北陆路,就如同1421年明朝从南京向北京迁都一样。

这一假设为《明史》(《明史·本纪》)每年岁末所记载的进贡使团名单所支持。为了便于分析,我们绘制了一张1369年至1643年间贡使的图表。出版如此庞大的档案似乎是不太可行的,特别是在很多地方的辨认依然存在问题的情况下。但是,我们还是可以在此基础上进行某些观察。在郑和下西洋时代[1],由来自南海和印度洋的朝贡使团所记述的完整资料判断,编年

---

[1] 伯希和(Pelliot)在《15世纪初中国人的伟人航海旅行》("Les grands voyages maritimes chinois au debut du XVe siecle")第317页中论述道,在郑和下西洋期间所有经南海入贡的使团名称都被《明史·本纪》记载。对于中亚的朝贡使团,《会典》似乎记载了一些《明史·本纪》中没有收录的。从本章第六节分析的清朝的记录来看,这并不出人意料。另外,到15世纪几乎所有在《明史》中记载的来自爪哇和占城的资料都被费琅(G. Ferrand)收集[《昆仑和古代南海内洋航行》("Le K'ouen-louen et les anciennes navigations interocéaniques dans les mers du Sud"),《亚洲杂志》第14期,第5—11页]。

第三章 论清代的朝贡体系

史中所载的内容足够我们研究所用。[1]

1. 首先值得注意的是,明初从东南亚赴明朝都城朝贡的使团,是在郑和第一次下西洋数年之前。鉴于中国与该地区长期的贸易增长,以及蒙古远征时已经在此航海穿行过,这一点并不令人惊讶。因此,从1369年至1404年间(郑和第一次下西洋是在1405年至1407年间),先后在11个不同的年份里,分别有1378年来自爪哇,1371年来自浡泥,1378年来自彭亨,1383年来自须文达那,6次来自三佛齐(苏门答腊),以及1372年来自印度科罗曼德海岸的琐里的赴明朝朝贡记录。这一记载与《大明会典》的记载和上文提及的日期一致。

在这一时期,毗邻中国的入贡使团——朝鲜(高丽)、琉球、安南、占城、柬埔寨、暹罗、乌思藏——相对而言是规律且频繁的。然而,值得注意的是,对于来自中亚的使团,记述相对较少,仅有撒马儿罕3次,别失八里1次,其他地方的记载几乎没有。

2. 学者对直到1433年郑和下西洋这段时间进行了广泛的研究。这一时期,不仅来自印度洋的朝贡使团频繁光顾,为明朝增添荣光,来自中亚的朝贡活动也稳步增长。据记载,自1421年始,直至1453年,瓦剌几乎每年都入贡明朝。与之同时,据记载八答黑商、失剌思、亦思弗罕1419年入贡,哈烈在1415年及以后年份入贡,亦力把力从1426年开始入贡,以及最重要的哈密——这个中亚贸易的中转站,自1415年开始规律性地入贡,土鲁番也同样如此。

3. 自1433年明朝结束大航海活动以后,在16世纪剩余的

---

[1]《明史·本纪》(中华书局版)列举了在1369—1404年间的36个朝贡使团,1405—1433年间的55个朝贡使团,1434—1500年间的16个朝贡使团,以及1500—1643年间长时段内的14个朝贡使团。

时间里,据载,乌思藏和其他毗邻中国的国家都常规化地入贡,但朝鲜除外。在1397年后,文献只记载了几次朝鲜入贡之事(也许是因为朝鲜的入贡被视为理所当然),而日本则被记录了6次入贡。在来自印度洋和南海的众多国家中,只有爪哇和满剌加(1439—1481年间被记载10次)持续常规化地入贡,锡兰山被记载在1445年和1459年曾随同满剌加入贡。与此同时,在1434—1500年间超过一半的年份中,哈密均遣使入贡,土鲁番和撒马儿罕频率较小,大约每四年一次,亦力把力被记载6次入贡。因此,这是朝贡活动从南部海路向西部内陆一次明显的转移。

4. 在16世纪中,编年史中记载的朝贡数量有所减少。琉球被记载50次,平均每隔一年入贡一次。然而,安南只有19次,暹罗仅9次,占城4次(至1543年),日本7次。相反,来自中亚的朝贡数量依然较多,乌思藏26次,哈密19次,土鲁番24次,撒马儿罕16次,阿拉伯(天方)13次,鲁迷6次。

5. 在明王朝最后的时光里(1600—1643),来自中亚的朝贡使团也如同其他地方一样下降了:琉球15次,安南7次,暹罗9次,乌思藏9次,土鲁番3次,哈密3次,撒马儿罕、阿拉伯和鲁迷各1次(这一次是在1618年与哈密和土鲁番一同入贡)。

这些数据中的某些含义将在本章第六节中讨论。

第三节 清代的理藩院

清王朝的建立使得中国与中亚的关系发生了彻底的变化。清朝将继承自明朝的朝贡国划分为两类:一类是来自东部和南部的朝贡国,他们继续由礼部的主客清吏司负责;另一类是来自

第三章　论清代的朝贡体系

北部和西部的朝贡国,他们由清朝新建立的机构理藩院负责。由于本文主要关注前者,其中包括了从海上而来的欧洲国家,所以对于清代来自北部和西部的朝贡国,我们仅简要地介绍其情况。

北部和西部主要的入贡者是蒙古。清朝与蒙古的关系非常重要,以至于一个特殊的机构——蒙古衙门,在入关前就被建立起来。1638年,蒙古衙门变更为理藩院[1],继续作为清朝的重要机构。

首先值得注意的是,理藩院通过古代朝贡制度的模式来管理满蒙关系。[2] 康熙版的《大清会典》[3]用激昂的词语介绍理藩院:

"我朝始兴,威德渐立,声教所暨,莫不来庭。凡蒙古部落之率先归附者,悉隶版籍,视犹一体,及后至者弥众,皆倾国举部乐输厥诚,既地广人繁矣,乃令各守其地,朝岁时,奉职贡焉。户口蕃殖,幅员辽远,前古以来,未之有也。始于六部之外,设理藩院……"

因此,朝贡的起源,一如往常地被视为取决于天子无所不在的美德,而关于朝廷的仁慈与虔诚的野蛮人的服从,在另一篇关于朝集的介绍性文章中得以表达[4]:"四十九旗,自王而降,岁时必有至阙下者,使之分年相代以免其劳顿,给之刍粟以恤其匮

---

[1]　1638年6月。参见纪昀编:《钦定历代职官表》卷17,广雅书局版,第5页。译者按:原文提供了理藩院的其他译法。为避免歧义,本文遵循汉语拼音原则翻译。
[2]　和其他地方一样,读者在这里需要记住:朝贡是强力统治的替代品,而不是这种统治的表现。实际上,拉铁摩尔就提出"通过操控进行统治,而不是法令"[《满洲的蒙古人》(*The Mongols of Manchuria*),纽约,1934年,第50页]。
[3]　《康熙会典》卷142·理藩院一。
[4]　《康熙会典》卷143·理藩院二。

乏,临莅之体与抚循之仁交尽矣。"

这个新机构所实施的行政活动的性质将从《康熙会典》中有关其主要分类的叙述中得以显现。后续章节分别关注了"爵级"、"会集"(每三年一会,清理刑狱,及处罚传召不来者)、"丁册"(外藩壮丁年六十以下,十八以上者,皆编入丁册)、"驿递"(对使用驿站的马匹和设施的规定)、"防汛"(禁止私自外出,严禁私自赴归化卖马,严禁越界及越界放牧)、"严禁逃人"和"抚辑逃人"等事。[1] 正如拉铁摩尔所指出的[2],这些规定旨在防止蒙古各部落在另一个成吉思汗的率领下再度统一,而这一过程只有在蒙古内部关系不够稳定,以至于许多人仅忠诚于部落首领的情况下才可能发生。清朝进一步规定了蒙古"朝集""贡献""宴赍""朝贡""赏给"等方面内容——所有这些都在传统的朝贡模式框架下[3]。

后来清朝的统治者似乎在朝贡关系上覆盖了一层厚厚的糖衣,足以让朝贡关系变得美味可口。一方面谕令宣布"王、贝勒、贝子、公、台吉,每遇元旦,皆会集扎萨克处,朝服望阙,行三跪九叩礼"[4]。对于进贡、回礼和宴请,朝廷也有进一步的规定。然而,在这些礼节的限定下,该制度的发展允许清朝最大限度地监督和管控蒙古,又同时尽可能地避免对蒙古的刺激。例

---

[1] 《康熙会典》卷142·理藩院一。
[2] 拉铁摩尔:《中国的亚洲内陆边疆》,纽约,1940年,第90页。理藩院保持了对边界、地图、等级与头衔、家谱等方面内容的记录,并每十年修订一次。理藩院还负责授予贵族敕命,执行上述法规,并参与对婚姻的管理。除此之外,理藩院还规定已经得过天花的蒙古人将在北京被接见,而没有得过天花的蒙古人将在热河被接见。参见《光绪会典》卷64,第10a页。《皇朝藩部要略》(1839年序言,1845年出版)对这些行政事务的谕令按时间顺序进行了总结。
[3] 《康熙会典》卷143—144。
[4] 《光绪会典》卷65,第4页。

如，内蒙古王公贵族被划分为三班，每一班轮流在元旦之前赴京朝觐。每个人可以随同带入京师的仆人数量和在京逗留时间都有严格的规定，一旦到京，他们便被要求练习仪式。但在所有这些细节之下，一个事实是显而易见的，那就是蒙古王公们得到了一笔数字相当可观的赏赐。蒙古七个品级的王公贵族，都会根据其品级每年获得朝廷所给予的相应俸禄。外藩亲王俸银两千两，俸缎 25 匹。"扎萨克、台吉和塔布囊俸银一百两，俸缎四匹。"[1]此外，蒙古贵族的置装费也由北京负责，最长可供 40 天的花销。因此，一位级别最低的蒙古贵族（七品）按规定被允许携带 10 位仆人赴京，并按以下规定给予补贴：每天银 1.61 两，米 6.5 升，坐马 3 匹，从马 10 匹，草料银每日 0.875511 两。[2]此外，朝廷还有惯例性的赐宴和礼品，甚至返程时也要赐予物品。相较于朝廷所有的这些馈赠，根据 19 世纪晚期的记载，蒙古向朝廷进献的法定贡品纯粹是名义上的。"凡内扎萨克岁贡无过羊酒"[3]（这种怀柔的对待并不意味着蒙古人在其他方面没有做过重大贡献）。19 世纪，清朝对于外蒙古，包括喇嘛和穆斯林地区（哈密和土鲁番）也遵循同样的路线。[4] 达赖喇嘛和西藏的其他贵族也被纳入这一体系之中。[5]

虽然在形式上适应了新的情况，但足以说明传统的朝贡体

---

[1]《光绪会典》卷 65，第 1 页。
[2]《光绪会典》卷 65，第 5b 页。
[3]《光绪会典》卷 65，第 4 页。
[4]《光绪会典》卷 68。
[5] 参见《光绪会典》卷 67，第 12b—13b 页。"凡西藏之贡以期至。西藏每年遣使入贡一次。前藏、后藏各间二年入贡一次……察木多帕克巴拉呼图克图，五年遣使入贡一次……廓尔喀额尔德尼王，五年遣使入贡一次……"清朝官员被委派去护送这些使者，他们通常是堪布；虽然对他们的居住面积有所限定，但允许他们使用驿站，为此兵部还制作了火牌等。

制适用于亚洲北部与西部地区。这种"旧瓶装新酒"的成功,必定为清朝持续努力将欧洲商人限定在澳门和广州提供了动力。

第二点值得注意的是,理藩院对中亚管辖的延伸是逐渐形成的。直到1732年之后,土鲁番才直接纳入其管控之下(表3.5,见本章第四节)。清朝的征服建立起了一个包括蒙古、西藏、新疆在内的伟大的王朝——这一过程以1760年清朝平定喀什为终点——这就导致了理藩院的重组和其活动的扩展。[1]反过来,这意味着中原与西部和北部的朝贡关系与朝贡贸易被纳入一个特殊的类别之下,而不再隶属于承继自明朝的礼部管辖范畴。因此,后来清朝中亚贸易成为了一个专门的研究领域,这与理藩院的管理密切相关。除非对理藩院这个新机构的活动进行广泛的研究,否则在此之前清朝与中亚的关系不能被简单地纳入我们对朝贡商业体系的描述中。特别是,像明朝时那样的朝贡与贸易间的联系,在清代的中亚已经变得不太可能了,因

---

[1] 在《康熙会典》和《雍正会典》中,理藩院被划分为四个衙门:禄勋司、宾客司、柔远司和理刑司。《乾隆会典》和之后版本的《大清会典》中记载,从1764年起,理藩院下辖6个衙门,分别是旗籍清吏司、王会清吏司、典属清吏司、柔远清吏司、徕远清吏司、理刑清吏司。此外,还有一个银库、一个蒙古房、一个内馆、一个外馆和其他机构。19世纪,蒙古的部落和旗属情况可以列表如下(详见布鲁纳特、哈盖尔斯特洛姆著,贝勒申科、莫兰译:《当代中国的政治机构》,上海,1912年,第442—464页。但是,他的著作中没有类似这样的简单图表)。

(单位:个)

区域	部落数	旗属数
内蒙古	24	49
外蒙古	6	86
青海蒙古	5	28
科布多(阿尔泰和天山之间,包括厄鲁特和杜尔伯特等部)	11	34
哈密-土鲁番(穆斯林)	—	2

参见《光绪会典》第63—68卷,或细节见《钦定理藩院则例》(1908年活字版,64卷)。

为朝贡使团已经不再是双方经济往来的主要形式。

由于这个原因,对《清史稿·本纪》(见表3.8)每年岁末所记载的来自北方和西方朝贡使团的考察,就不如对明代朝贡使团考察所取得的成果那样重要。我们根据这些记录所绘制出的表格显示,在康熙元年(1662)以前,有大量蒙古部落和贵族在不同时期向清朝进贡。然而,从康熙初年起,来自北部和西部的朝贡活动从记录中消失了。在王朝剩余的时间里,所列出的朝贡记录几乎均来自南部和东部。土鲁番直到1732年都被归类为朝贡部落,这可能显示出它直到1732年都作为与西部地区商队贸易的集散地,就如同明朝时期的哈密一样。但是,《清史稿》中所记载的来自土鲁番的朝贡记录寥寥无几,以至于这个问题变得模糊不清。

第四节 清代对来自南部和东部朝贡国的总体规定

在论及欧洲人在清代朝贡体系中的地位之前,我们必须先了解下他们所适应的总体方案。清代礼部主客清吏司的规章是仿照明代制定的,关于这一点已经有张德昌、矢野仁一、林同济、内田直作(Uchida Naosaku)等教授进行了论述。[1] 毫无疑问,对这些规则的理解可以解释导致中欧关系变得紧张的许多摩擦点的起因。因此,我们详细引用了1690年版本《大清会典》中有关行政原则的叙述。[2] (我们自己对正文部分进行了编号,

---

[1] 见附录1。
[2] 《康熙会典》卷72(礼部三十三),第1—3b页。"主客清吏司:郎中、员外郎、主事,分掌诸蕃朝贡、接待给廪之事,简其译伴,申其禁令,并提督会同馆。凡官员赏赐,及各省土贡亦隶焉。"

以便于参考。)

朝贡通例

"国家一统之盛,超迈前古,东西朔南,称藩服、奉朝贡者不可胜数。凡蒙古部落,专设理藩院以统之,他若各番土司,并隶兵部。其属于主客司会同馆者,进贡之年有期,入朝之人有数,方物有额,颁赏有等。兹以通例冠于前,而各国次序以入贡之年为先后云。

"[1]崇德间[1636—1643]定:凡归顺外国,俱颁册诰,授封爵,嗣后一应进奏文移,俱书大清国年号。凡遇圣节、元旦、冬至具表御前,进贡方物;具笺中宫、东宫前,进贡方物,差官朝贺。

"[2]顺治间[1644—1661]定:凡外国朝贡,以表文方物为凭,该督抚查照的实,方准具题入贡。

"[3]凡外国朝贡,缴送明季敕印者,听地方官具题。

"[4]凡进贡员役,每次不得过百人,入京员役,止许二十人,余皆留边听赏。其进贡船不得过三只,每船不得过百人。

"[5]凡贡使到京,所贡方物,会同馆呈报礼部,提督该馆司官赴馆查验,分拨员役管领。该部奏闻,贡物交进内务府,象交銮仪卫,马交上驷院,腰刀、鹿皮、青黍皮等物交武备院。凡进硫黄者,留交该督抚收贮。

"[6]凡外国人送该督抚礼物,永行禁止。

"[7]凡外国船只,非系进贡之年,无故私来贸易者,该督抚即行阻逐。

"[8]凡外国进贡,除定例船只外,其接贡、探贡等船一概阻回,不许放入。

"[9]凡正贡船未到,护贡及探贡等船,不准交易。

"［10］凡外国贡使,或在途病故,礼部具题,令内院[1]撰祭文,所在布政司备祭品,遣堂官致祭一次,仍置地茔立石封识。若同来使臣,自愿带回骸骨者听。若到京病故,给棺木红缎,遣祠祭司官谕祭,兵部应付车辆、人夫,其应赏衣服、缎匹等物,仍付同来使臣领回颁给。若进贡从人在京病故者,给棺木、红绸;在途病故者,听其自行埋葬。

"［11］凡贡使归国,例差司宾序班一员,给勘合,由驿递伴送,沿途防护促行,不许停留骚扰,及交易违禁货物,交明该抚即还,该督抚照例送出边境。

"［12］康熙三年［1664］定:凡外国慕化,来贡方物,照其所进查收,不拘旧例。

"［13］五年［1666］题准:凡外国奏疏,不得交付遣往使臣带来,令专差官交该督抚转奏。

"［14］六年［1667］定:凡外国投文到该督抚,该督抚即开阅原文议题。

"［15］凡督抚、提督等官,不许擅自移文外国。

"［16］八年［1669］题准:凡外国进贡正副使,及定额从人来京,沿途口粮,驿递夫马舟车,该督抚照例给发,差官伴送,及兵丁护送到京。其贡使回国,沿途口粮,驿递夫船,兵部给与勘合。其留边人役,该地方官照例给与食物,严加防守,候贡使回国时,同送出境。"[2]

由于对外贸易严格来说属于朝贡贸易,因此我们进一步引

---

[1] 内院,大概指内秘书院,为内三院之一,负责对外国通信事宜。
[2] 《康熙会典》卷72(礼部三十三),第1—3b 页。《雍正会典》卷104,第1—3b 页,除了在文字上有细微的变动,大体上与《康熙会典》卷72,第1—3b 页内容记载一致,仅添加1个或2个项目。主要的区别在于较早的版本按时间顺序排列,而之后的版本以主题排列呈现。

用 1690 年版本《大清会典》中关于对外贸易的条例[1]，省略了与朝鲜贸易最初部分的叙述，并对各部分进行编号。

外国贸易

"[1]顺治间[1644—1661]定：凡外国朝贡来京，颁赏后，在会同馆开市，或三日，或五日，惟朝鲜、琉球不拘期限。礼部移文户部，先拨乌林人[2]收买，咨覆过部，方出示差官监视。令公平交易，概不许收买史书、黑黄紫皂大花西番莲缎匹，并一应违禁兵器、焰硝、牛角等物。各铺行人等将货物入馆，公平交易。

"[2]染作布绢等项，立限交还，如赊买及故意拖延骗掯，致外国人久候，并私相交易者，问罪，仍于馆前枷号一个月。若外国人故违禁例，潜入人家交易者，私货入官，未给赏者，量为递减。

"[3]凡会同馆内外四邻军民人等，代外国人收买违禁货物，问罪，枷号一个月，发边卫充军。如将一应兵器铜铁违禁等物，卖与外国人图利，比照私将军器出境，因而走泄事情者律，将为首者枭首示众，交易时，礼部出示晓谕。

"[4]凡外国贡使归国，伴送人员，不许将违禁货物，私相交易。

"[5]康熙三年[1664]定：凡外国进贡，顺带货物，贡使愿自出夫力，带来京城贸易者听。如欲在彼处贸易者，该督抚选委能干官员监视，毋致滋扰。

"[6]二十四年[1685]议准：外国贡船，所带货物，停其收税，其余私米贸易者，准其贸易，听所差部臣，照例收税。

"[7]又议准：凡贸易番船回国，除一应禁物外，不许搭载内地

---

[1]《康熙会典》卷 73，第 12—14b 页。
[2] 乌林人，满文"库使"的音译，即藩库的看守者。对这一点我们感谢柏烈伟（S. Polevoy）先生。

人口,及潜运造船大木、铁钉、油麻等物,粮米止准酌带口粮,不许多贩。贸易毕,回国时,该督抚遴委贤能官员严查,禁止夹带。

"[8]凡内地人口,有流落外国,愿附船回籍者,听其归还故土,具报该地方官查明,准还原籍。

"[9]凡番船贸易完日,外国人员一并遣还,不得久留内地。

"[10]凡贡船回国,带去货物,免其收税。又议准:兵器向来禁止,不许带往卖给外国,但商人往来大洋,若无防身军器,恐致劫掠,嗣后内地贸易商民,所带火炮军器等项,应照船只大小,人数多寡,该督抚酌量定数。起程时,令海上收税官员,及防守海口官员,查照数目,准其带往,回时仍照原数查验。"[1]

上述行政原则在《乾隆会典》中记载得更为详尽,内容经过了彻底的修订和扩展,也为王朝此后的一个半世纪制定了标准。例如,这些乾隆朝1764年的定例,在英国马嘎尔尼和阿美士德(Amherst)使团,以及荷兰范百兰(Van Braam)和伊萨克·蒂进(Isaac Titsingh)使团访华期间生效。他们有助于解释一些要求,比如让欧洲使臣感到非常恼火的叩头礼仪。(为了读者便于阅读,我们将主标题加粗,并将原文每部分都标上序号,省略某些部分。)[2]

宾礼·朝贡

"[1]凡四夷朝贡之国,东曰朝鲜,东南曰琉球、苏禄,南曰安南、暹罗,西南曰西洋、缅甸、南掌,西北番夷见理藩院。皆遣陪臣为使,奉表纳贡来朝。

"[2]凡敕封国王,朝贡诸国遇有嗣位者,先遣使请命于朝

---

[1]《康熙会典》卷73,第12—14b页。
[2]《乾隆会典》卷56,第1—8b页。

廷、朝鲜、安南、琉球钦命正、副使奉敕往封。其他诸国以敕授来使赍回,乃遣使纳贡谢恩。

"[3]朝鲜国王、王妃与王同封,子长则请封世子,皆三品以上官充正、副使,服色、仪从各从其品。安南、琉球以翰林院、科道、礼部五品以下官,充正、副使,特赐一品麒麟服以重其行。仪从皆视一品,使归,还其服于所司。

"[4][贡期,参见表3.6。]

"[5][贡道,参见表3.6。]

"[6]凡贡物,各将其国之土宝,非土产者勿进。朝鲜、安南、琉球、缅甸、苏禄、南掌,皆贡有常物。西洋、暹罗无常贡……

"[7]凡从人,朝鲜贡使从书状官一人、大通官三人、护贡官二十四人,有赏从役三十人,无赏从役无常数。琉球、西洋、暹罗、苏禄贡舟无过三,每舟人无过百,赴京无过二十。安南、缅甸、南掌入贡,人无过百,赴京无过二十。其不赴京者留于边境,边吏廪饩之,俟使回至边,率之归国。

"[8]凡进表,各国贡使就馆[到达北京后]。

"[9]凡朝仪贡使至京,遇大朝、常朝之期,皇帝御太和殿。王公、百官朝贺毕,序班引贡使暨从官,各服其国朝服,就丹墀西班末。听赞行三跪九叩礼,赐坐,赐茶,皆如仪。详见仪制司。若不遇朝期,由部奏请召见,皇帝御便殿……[1]

"[10—13][关注接下来礼仪的细节,如叩头和宴会等礼仪,以及迎送等事宜,在钦天监供事的西洋人也包括在伴送人选之内。]

"[14]凡市易,各国贡使入境,其舟车附载货物,许与内地

---

[1] 关于礼仪的实践,在戴闻达的长文《1794—1795年荷兰赴华使节记》中有动人的描述。

商民交易。或就边省售于商行,或携至京师市于馆舍,所过关津,皆免其征。若夷商自以货物来内地交易者,朝鲜于盛京边界中江,每岁春秋两市,会宁岁一市,庆源间岁一市。以礼部通官二人,宁古塔笔帖式、骁骑校各一人,监视之,限二十日闭市。海外诸国于广东省城[广州],每夏乘潮至省,及冬候风归国,均输税于有司,与内地商民同。

"[15]凡禁令,外国有事陈请,专差陪臣赍文赴部,或外由督抚为之转奏,专达于朝者,禁贡使入境,及贡道所经各定地界。不由正道越行他省者,禁。私买违制服色、史书、兵器、铜、铁、油、麻、焰硝及带内地人口、米谷出境者,禁。江海相际越境渔采者,禁。陆界瓯脱之地,中外军民设屯堠,辟田庐,捕逃寄寓者,禁。封疆文武官,不因公事通文书于外国者,禁。奉使出疆,多受馈遗,往来送迎私索土宜者,禁。有干禁令者,论如法。

"[16]凡赗恤,[针对外国统治者亡故和对外国饥馑救灾而言]。

"[17]凡拯救,外国商民船有被风飘至内洋者,所在有司拯救之。疏报难夷名数,动公帑给衣食,治舟楫,候风遣归。若内地商民船,被风飘至外洋者,其国能拯救资赡,治舟送归,或附载贡舟以还,皆降敕褒奖该国王,赐其陪臣有差。

"[在这些规定的最后,是贡使住处(会同四译馆)的部分,其与明朝的组织架构很相似。]"[1]

下面两个概要性列表所给出的数据,展现出清代朝贡体系的变迁。

---

[1]《乾隆会典》卷56,第8b—11页。参见《万历会典》卷109,第99b页。《康熙会典》卷73,第14b页。矢野仁一著:《中国近代外国关系研究》,京都,1928年,第133—150页。

表 3.5 清代的常规朝贡国

表中所列的清朝常规朝贡国按顺序载于各版本《大清会典》之中，关于每个朝贡国的信息，参见本章第八节和表 3.6。

《康熙会典》卷 72，第 4—19b 页（1690）	《雍正会典》卷 104，第 4—38b 页（1732）	《乾隆会典》卷 56，第 1 页（1764）	《嘉庆会典》卷 31，第 2—4 页（1818）	《光绪会典》卷 39，第 2—3 页（1899）
朝鲜	朝鲜	朝鲜	朝鲜	朝鲜
土鲁番	琉球	琉球	琉球	琉球
琉球	荷兰	苏禄	越南	越南
荷兰	安南	安南	南掌	南掌
安南	暹罗	暹罗	暹罗	暹罗
暹罗	西洋各国（即葡萄牙和教皇）[b]	西洋各国	苏禄	苏禄
西洋（卷 73，第 1a—12a 页）	苏禄	缅甸	荷兰[a]	缅甸
西番各寺	土鲁番	南掌	缅甸	—
东海诸部落	西番各寺	—	西洋（博尔都嘉利亚国、意达里亚国、博尔都噶尔国、英吉利国）[c]	—
—	川边番寺	—	有通商关系的诸国[d]	—

a. 荷兰自 1686 年起往来不频繁，故在 1764 年的版本中删去，但在

1818年版中再次出现。

b. 虽然容易辨识,但是并没有按名字列出具体的欧洲国家。

c. Portugal 在此是两个名字相似但不同的国家,见本章索引。意达里亚指教廷。

d. 在1818年版《大清会典》中列出的与中国有通商关系的国家,见本章第六节。名单包括干丝腊、法国(法兰西或佛郎机,与弗朗等同)、瑞典和丹麦。

表3.6 朝贡使团的频率和路线

在各版本的《大清会典》中记述了朝贡使团的法定频率和入贡常规路线。

国家名称	《康熙会典》卷72,第3b—19b页	《雍正会典》卷104,第4—38b页	《乾隆会典》卷56,第1页	《嘉庆会典》卷31,第4页	《光绪会典》卷39,第3页
朝鲜	有年贡,有节贡,岁以为常,贡道由凤凰城	有年贡,有节贡,岁以为常,贡道由凤凰城	朝鲜岁至。朝鲜贡使渡鸭绿江入境,由凤凰城陆路至盛京,入山海关,赴京师	朝鲜每年四贡,于岁杪合进。朝鲜贡道由凤凰城至盛京入山海关	朝鲜每年四贡,于岁杪合进。朝鲜贡道由凤凰城至盛京入山海关

续表

国家名称	《康熙会典》卷72，第3b—19b页	《雍正会典》卷104，第4—38b页	《乾隆会典》卷56，第1页	《嘉庆会典》卷31，第4页	《光绪会典》卷39，第3页
琉球	定贡期二年一次，贡道由福建闽县	定贡期二年一次，贡道由福建闽县	琉球间岁一至。琉球由福建闽安镇[a]	琉球间岁一至。琉球由福建闽安镇	琉球间岁一至。琉球由福建闽安镇
安南	贡期初定三年一次，后改六年两贡，贡道由广西凭祥州	贡期初定三年一次，后改六年两贡，贡道由广西凭祥州	安南六岁再至，由广西太平府[b]	越南二年一贡，四年遣使来朝一次，合两贡并进。贡道由广西凭祥州入镇南关	越南二年一贡，四年遣使来朝一次，合两贡并进。贡道由广西凭祥州入镇南关
暹罗	贡期三年一次，贡道由广东	贡期三年一次，贡道由广东	暹罗三岁一至，由虎门[a]	暹罗三年一贡，由广东虎门	暹罗三年一贡，由广东虎门
荷兰	贡期初定八年一次，后改五年一次。贡道由广东，今改由福建	贡期初定八年一次，后改五年一次。贡道由广东，今改由福建	无载	荷兰贡无定期，旧例五年一贡，由广东虎门	无载

续表

国家名称	《康熙会典》卷72,第3b—19b页	《雍正会典》卷104,第4—38b页	《乾隆会典》卷56,第1页	《嘉庆会典》卷31,第4页	《光绪会典》卷39,第3页
西洋	因其地远,贡期未定,贡道由广东,今其人有留居澳门者	因其地远,贡期未定;贡品无定额;贡道由广东	西洋道远,贡无定期,由广东澳门[a]	西洋诸国贡无定期,由广东澳门	无载
土鲁番	贡期五年一次,贡道由陕西甘肃	贡期五年一次,贡道由陕西甘肃	无载	无载	无载
南掌	无载	无载	南掌十岁一至,由云南普洱府[b]	南掌十年一贡,由云南普洱府	南掌十年一贡,由云南普洱府
苏禄	无载	(1726年始贡)贡道由福建	苏禄五岁一至,由厦门[a]	苏禄五年外一贡,由福建厦门	苏禄五年一贡,由福建厦门
缅甸	无载	无载	缅甸道远,贡无定期,由云南永昌府[b]	缅甸十年一贡,由云南腾越州	缅甸十年一贡,由云南腾越州

a. 琉球、苏禄、西洋和暹罗,《乾隆会典》记载:"皆浮舟于海,经涉重洋入境。"

b. 安南、缅甸、南掌,《乾隆会典》记载:"皆陆行款关入境。"

注意:表中用语翻译源自《大清会典》;不同版本《大清会典》中的国家顺序不一样,见表3.5。

在分析上述表格时，我们可以注意到，直到 1732 年以后，土鲁番和藏东的某些地方还没有隶属于理藩院管辖，而俄罗斯则一直归理藩院管辖直到 1858 年[1]，所以它没有出现在上述表格中。西班牙和美国都没有被列为国家。西洋国家的数量从 1690 年的 1 个增长至 1732 年的数个，后者维系了相当长的一段时间，而列出的三个国家的贡品都被不当地予以区分。"西洋"作为对形形色色欧洲人的统称被保留到 1818 年之后。与此同时，由于在 17 世纪 60 年代，荷兰海军为朝廷提供了援助，所以荷兰在《康熙会典》和《雍正会典》中受到高度青睐，被单独列出，但是在《乾隆会典》中，荷兰则被排除在外，至 1818 年《嘉庆会典》再次出现，这可能是因为 1794—1795 年间荷兰使团访华的缘故。即使扣除了西部和北部转移到理藩院所辖的陆路地方，列表中[2]所给出的国家总数也显著地少于明朝时期。

第五节　朝贡体系中的欧洲国家

正如古代朝贡形式为在理藩院管辖下的满蒙关系提供了一种范式一样，1500 年以后经涉重洋而来的欧洲人，也被纳入类似的传统制度之中。[3] 这种修正随着明朝和葡萄牙两代人之间的冲突而完成，其结果是将葡萄牙从传统的朝贡体制下抽离，转向 16 世纪中叶建立起的"澳门体系"，葡萄牙形式上已经是朝贡国，而在实际上通过隔离使葡萄牙人变得无害。葡萄牙人

---

[1]　参见《嘉庆会典》卷 52(理藩院)，第 23 页。清朝置库伦办事大臣以司俄罗斯边务，与俄罗斯萨那特衙门通信。

[2]　见附录 2。

[3]　明代将欧洲人视为朝贡者的研究，参见张维华著：《明史佛朗机吕宋和兰意大里亚四传注释》，《燕京学报专号》七，哈佛燕京学社，1934 年。

住在被围墙围起来的澳门半岛上,向当地政府缴纳地租,并只能定期赴广州贸易。英国东印度公司在 18 世纪初融入这一体系,尽管在 18 世纪末广州逐步变为真正的外事活动中心。直到 19 世纪 30 年代,这种隔离政策仍在持续。外国人被限制在广州府城外的公行活动,持续到 1858 年。即使在 1842 年第一批不平等条约签订后,清朝也将外国人的活动范围限制在五个通商口岸或从那里出发的一天路程的距离之内。这一情况表明,清政府在面对危机时绝非不能适应。清朝的外交政策虽然盲目且顽固地坚守传统制度,但也不乏防御性的变通之处。

17 世纪,葡萄牙人被安全地限制在澳门,而其他西方国家尚未构成威胁。《康熙会典》详细描述了他们的朝贡活动,特别是荷兰的活动,清朝显然对此很满意。欧洲的朝贡活动记录如下,但请注意在"西洋国"条目下记载高度混乱的情况。[1]

"荷兰国:按荷兰国,在东南海中。顺治十年[1653]请贡,十三年[1656]进贡……[贡期和贡道见表 3.6]

"顺治十年,荷兰国遣使航海,请修朝贡。十二年[1655],广东巡抚奏称荷兰国遣使赍表方物请贡,礼部覆准:该督抚量差官员兵丁护送来京,其到京人数,不得过二十名,仍令该督抚择谙晓荷兰语音三四人偕来。十三年,荷兰国贡使哗呖哦悦嘢哈哇嘧[2]等到京,宿会同馆,进表一道。礼部覆准:五年一贡,贡道由广东入,每次进贡员役不得过百人,入京员役止二十名,余俱留住广东。该地方道将严加防卫,侯进京人回,一同遣还本

---

[1] 《康熙会典》卷 72,第 12—14 页。
[2] 赴华欧洲使团见表 3.7。参见柔克义(W. W. Rockhill):《前往中国宫廷的外交使团:叩头问题》("Diplomatic Missions to the Court of China: the Kotow Question"),《美国历史评论》(*American Historical Review*)第 2 期,1897 年,第 437—442 页,文中有对 1656 年荷兰使团大使的简介。

国,不得久住海滨。奉旨:荷兰国慕义输诚,航海修贡,念其道路险远,着八年一次来朝,以示体恤远人之意。

"康熙二年[1663],荷兰国遣出海王统领兵船,至闽安镇助剿海逆,并请贸易。奉旨:着二年来贸易一次。三年[1664],荷兰国遣出海王助兵剿贼,克取厦门、金门,颁敕谕二道,遣礼部官员笔帖式,赍赏赍银缎前往,同该督给荷兰国人带归。

"五年[1666],荷兰国入贡贸易。[1] 奉旨:荷兰国既八年一贡,其二年贸易永着停止。六年[1667]题准:荷兰国违例,从福建来入贡,除今次不议外,嗣后遇进贡之年,务由广东道入,别道不许放进。

"二十五年[1686]议准:荷兰国进贡之期原定八年一次,今该国王感被皇仁,更请定期,应准五年一次,贸易处所,止许在广东、福建两省,完日即令回本国。又令荷兰国贡道,改由福建。又议准:荷兰国道路险远,航海进贡艰辛,嗣后进贡方物,酌量减定。

"西洋国:按西洋在西南海中……[贡期和贡道见表3.6]

"康熙六年,广东巡抚奏称西洋国遣官入贡,正贡船一只,护贡船三只。七年[1668]题准:西洋进贡,以后船不许过三只,每船不许过百人。八年[1669]题准:令正副使及从人二十二名来京,其留边人役,该地方官给与食物,仍加防守。九年[1670],西洋国贡使吗嗻吻萨喇哒嚏到京,具表进贡,赏赐筵宴毕,差司宾序班一员,伴送至广东,交该督差官护送出境。西洋

---

[1] 见表3.7。

国贡使玛讷撒尔达聂[1],行至江南山阳地方病故。[2] 礼部题准:内院撰祭文,所在布政司备祭品,遣本司堂官致祭一次,仍置地营葬,立石封识。若同来使臣愿带回骸骨,听从其便。

"康熙十七年[1678],西洋国王阿丰肃,遣使具表进狮子来京,兵部给沿途口粮驿站夫船,礼部仍差官伴送至广东,交该督抚差官护送出境。"[3]

在这些叙述中,欧洲使节被同化,纳入中国传统体系之中,甚至为死去的葡萄牙使臣采用了儒家的祭祀,这是如此令人惊讶,以致无需评论。无论事实如何,官方的记录是非常完整的。

在上述我们曾引用的《乾隆会典》(1764)的规定中,其进贡一节并没有详细描述欧洲国家[4],虽然在同时出版的《大清会典则例》中包含了许多我们尚未涉及的材料。[5]

对我们而言,1818年完成的《嘉庆会典》是迄今为止最有意思的版本。这是清代真正意义上的最后一个修订版——《光绪会典》(1899)是以1818年版为蓝本的——并在其中保留了与早期版本中传统朝贡形式相同的规定。在嘉庆版本中,那些即将打破国门的欧洲国家仍旧被自鸣得意地与宋腒朥、急兰丹、丁

---

[1] 与上文所示明显为同一人,但却在此给出了不同的名字,在《雍正会典》卷104,第30b页,第6行,再次给出了一个不同的名字。

[2] 这与伯希和教授的论述相矛盾,他在《在北京的玛讷撒尔达聂使团》("L'Ambassade de Manoel de Saldanha à Pékin")(《通报》第27期,1930年)第424页中写道,玛讷撒尔达聂"从1670—1671年,一直待在澳门,直到死去"。注意这一事件是按照上述翻译的准则处理的。

[3] 《康熙会典》卷72,第12—14页。

[4] 《乾隆会典》卷56。

[5] 在《大清会典则例》中包含了大量与上述所译规则相关的资料。参见《光绪会典事例》卷502—514,第219、251、307页。戴闻达在《1794—1795年荷兰赴华使节记》中阐述了这些材料的巨大作用,但是哲美森(G. Jamieson)在《中国的朝贡国》("The Tributary Nations of China")[载《中国评论》(*China Review*)第12期,1883年]第99—109页的论述相当不可靠。

机奴、六崑等马来半岛上的小地方并列在一起。欧洲的地理与风土人情在清朝眼中依然似阴影下的混沌状态，模糊不清。也许我们必须假设，1818年版《大清会典》的官方编纂者们确实更加全面地了解情况，但他们不屑于给予这些欧洲入侵者应有的重视。关于这一点，我们至少可以看到一点顽固的偏见和一厢情愿般的想法。无论如何，这些描述都是官方的叙述，而且毫无疑问会被官方在相当长的一段时间内作为参考，并持续到1899年最后一版的《大清会典》出版时。在1899年版的《大清会典》中，所有对西方国家的描述都被省略了，而对朝鲜和越南的描述虽然已经过时，但却被逐字重印了。我们在下面详细摘录了这些官方的叙述，以便在原本位置上展示其中对于欧洲人的提及。[1]

"凡四裔朝贡之国：曰朝鲜。朝鲜即古高丽。明洪武中，李成桂自立为王，改国号为朝鲜。国朝崇德二年[1637]，国王李倧举国内附，始敕封[2]为朝鲜国王。其国北界长白山，西北界鸭绿江，东北界图们江，东、南、西皆滨海。

"曰琉球。琉球，明初曰中山，曰山南，曰山北，各为王。后山南、山北为中山所并。国朝顺治十一年[1654]，琉球国世子尚质缴到明季敕印，始敕封为中山王。其国在东南大海中，当福

---

[1] 《嘉庆会典》卷31，第2—4页。除了特别指出的地方，这一版本中的文字与《光绪会典》卷39（第2—3页）一致。

颇节在1859年《历史》（Histoire）期刊（第178—182页）上，从这一卷中发表了各种摘录。哲美森在《中国评论》第12期（1883）第96—98页发表了一个对此叙述非常粗糙的翻译，这是在完全没有参考颇节著述的情况下进行的，省略或混淆了一些段落，甚至存在很多识读错误。戴闻达在长篇文章《1794—1795年荷兰赴华使节记》中翻译了《光绪会典》卷39的主要条目，但并非这篇叙述。

[2] "敕封"英文对应译文为"appoint by imperial command"，"谕"译文为"command-edict"，这些词也用于南掌和苏禄。这两个词似乎与西方对应的"letters patent"（英皇制诰）大体相当。我们避免使用西方术语，是因为这会过度简化中国的情况。

建之东。

"曰越南。越南即古交趾,旧号安南。国朝康熙五年[1666],安南世子黎维禧缴到明季敕印,始敕封为安南国王。乾隆五十四年[1789],黎氏失国。其国推阮光平为国长,款关内附,并请来朝,遂敕封阮光平为安南国王。嘉庆七年[1802],阮光缵复失国,农耐国长阮福映遣使赍进表贡,并缚送闽广洋面逸盗,呈缴安南旧领敕印。上嘉其恭顺,诏改国号曰越南,始敕封阮福映为越南国王。其国北界广西,西界云南,东、南滨大海,逾海而南,即古日南地,亦并于越南。

"曰南掌。南掌,即老挝,于雍正八年[1730]国王素马喇萨始遣陪臣奉表入贡,钦颁敕谕赐该国王。乾隆六十年[1795],始敕封为南掌国王。其国在云南极南徼外。

"曰暹罗。暹罗古为罗斛、暹二国。后暹为罗斛所并,遂为暹罗国。国朝顺治十年[1653],始遣使请贡。康熙十二年[1673],始敕封森列拍腊照古龙拍腊马嗹陆坤司由提雅普埃为暹罗国王。[1] 乾隆三十一年[1766]为缅甸所破。四十六年[1781],国人郑昭复土报仇。国王无后,推郑昭为国长,遣使入贡。五十一年[1786],敕封郑华为国王。其国在缅甸之南,与内地隔。南滨大海,皆由海道往来。

"曰苏禄。苏禄于国朝雍正四年[1726]始遣使入贡。五年[1727]钦颁敕谕[2]赐该国王。其国在东南海中。

"曰荷兰。[3] 荷兰又名红毛番。国朝顺治十年始通职

---

[1] 身份不明。
[2] 请注意,南掌和苏禄的国王是以敕谕——这种相对低一等级的文书——册封的。
[3] 这一部分在《光绪会典》中被删除。

贡。[1] 康熙三年助大兵克取厦门、金门，颁敕谕褒奖。其国在西南海中，后占据噶喇吧，遂分其众居之，仍遥制于荷兰国。

"曰缅甸。缅甸即阿瓦。乾隆十五年[1750]，国王蟒达喇始遣陪臣奉表入贡。五十五年[1790]，敕封孟陨为阿瓦缅甸国王。其国在云南腾越州天马、虎踞诸关之外。

"曰西洋。[2] 西洋诸国。

"曰博尔都嘉利亚国。国朝康熙九年[1670]，国王阿丰肃始遣陪臣进表入贡。

"曰意达里亚国。雍正三年[1725]，国王伯纳第多始遣陪臣入贡。

"曰博尔都噶尔国。雍正五年，国王若望始遣陪臣入贡。

"曰嘆咭唎国。乾隆五十八年[1793]，遣陪臣入贡。各颁敕赐该国王。其国均在西南海中。

"余国则通互市焉。[3] 互市诸国：曰日本国，即倭子，在东海中，与中国贸易。在该国长崎岛，与普陀东西对峙。由此达彼水程四十更。厦门至长崎，北风由五岛入，南风由天堂[4]入，水程七十二更。

"曰港口国，在西南海中。雍正七年[1729]后通市。由该

---

[1] 这件事显然是就1656年使臣的初步通信而言。参见上文《康熙会典》中对应的描述。
[2] 这部分在《光绪会典》中被删除。我们在此标题下插入段落。
[3] 这一部分所有内容均不载于《光绪会典》。
[4] 天堂，指天堂门。徐继畬编纂的《瀛寰志略》(1848)卷1(第15b页)的地图中，以高度抽象的方式显示在位于一个岛屿——显然是五岛群岛——之后的长崎，如此形成的南门被称为"五岛门"，即群体的入口处，北门被称为"天堂门"。

国经七洲大洋[1]到鲁万山[2],由虎门入口达广东界,计程七千二百里,距厦门水程一百六十更。

"曰柬埔寨国,即古真腊国,在西南海中,介越南、暹罗间。由虎门入口,程途与港口国同,距厦门水程一百七十更。旁有尹代吗国,距厦门水程一百四十更。

"曰宋腒朥国,在西南海中,为暹罗属国。雍正七年[3]后通市不绝。其国距厦门水程一百八十更。旁有㙍仔、六昆、大呢三国。㙍仔东北与宋腒朥接,其国距厦门水程与宋腒朥同。六昆东与㙍仔接,距厦门水程一百五十更。大呢,一名大年。东北与六昆接,距厦门水程与六昆同。三国均于雍正七年后通市不绝。

"曰柔佛国,在西南海中。雍正七年后通市不绝。历海洋九千里达广东界。由虎门入口,距厦门水程一百八十更。柔佛属国有丁机奴、单咀、彭亨三国。丁机奴达广东界计程九千里。单咀距厦门水程一百三十更。彭亨与柔佛相连。

"曰亚齐国,在西南海中。相传旧为苏门答剌国。

"曰吕宋国,居南海中,在台湾凤山沙马畸东南[4],至厦门

---

[1] 藤田丰八(Fujita)认为七洲是指中南半岛东岸的西沙群岛。《海国闻见录》第41b页(地图)显示七州洋在中南半岛的东南端。也许这句话可以被理解为西沙群岛海域。
[2] 据《海录》第1卷,第1页所载,鲁万山与万山相同,广州外海中一座多山的岛屿,曾被看作航海家航行回家的最后一个地标。《海国闻见录》卷2,第55页地图显示老万山位于香港和澳门之间的伶仃岛以南的海里。
[3] 此处和下文多处提及的1729年是清朝恢复与东南亚贸易的时间,这为已经被人十分关注的雍正时期改革增加了一个问题。1723—1735年间是在诸多方面改革和重组的时代,值得深入研究。
[4] 在中国台湾凤山沙马畸东南。《海国闻见录》卷1,第60页(台湾地图)显示凤山位于靠近南端的西岸,沙马崎头在南端。和田清(Wada Sei)在《明朝以前中国人所了解的菲律宾群岛》["The Philippine Islands as know to the Chinese before the Ming Period",《东洋文库(东方图书馆)》第4期,东京,1929年]第153—154页引用《台湾府志》指出即沙马矶山。

水程七十二更。明时为佛郎机所并，仍其国名。康熙五十六年[1717]，奉谕禁止南洋贸易。雍正五年后通市如故。

"曰莽均达老国，在东南海中。雍正七年后通市不绝，距厦门水程一百五十更。

"曰噶喇吧国，本爪哇故土，为荷兰兼并，仍其国名，在南海中。雍正五年[1727]后通市不绝，距厦门水程二百八十更。

"曰干丝腊国[Portugal]，在西北海中，与唭咭唎相近。

"曰法兰西国[France]，一曰弗郎西，即明之佛郎机，在西南海中，并吕宋后，分其众居之，仍遥制于法兰西。又其国人自明季入居香山之澳门。国朝仍之。每岁令输地租银，惟禁其人入省会。由其国至中国水程五万余里。

"曰嗬国[Sweden]，在西北海中，计程六万余里达广东。雍正十年(1732)后通市。

"曰嗹国[Denmark]，在西北海中，入广东程途与嗬国同。自雍正年间[1723—1735]来广东通市，后岁以为常。"[1]

这些作品中所展现出的惊人的含混并不是什么新鲜事，而是从18世纪甚至更早就是如此，并一直流传下来，对法兰克人、葡萄牙人、法兰西人、意大利人、西班牙人、菲律宾人，甚至是对荷兰人的记述，随着时间的推移，在中国地理著作中被完全地混合在了一起。重要的并不是发生了这种错误，而是它在清代持续了这么长时间。18世纪中叶存在的含混程度在《皇清职贡图》中被很好地说明了。《皇清职贡图》是描绘所有国家"野蛮人"形象的绘编，附有解释性文字，在每一个案例中展现不同性

---

[1] 《嘉庆会典》卷31，第3—4页。

别和各阶层人士的服饰。[1] 编纂《皇清职贡图》的资料由各省督抚收集,交送军机处,并进呈御览。然而,在解释文本中有下列(错误)陈述:1.23(译者按:1.23 指《皇清职贡图》卷1,第 23 页,下同),本朝康熙六年(1667)(意大里亚)通朝贡(实为荷兰),雍正三年意大里亚教化王(Pope)来贡;1.47,英吉利亦荷兰属国;1.49,法兰西即明之佛郎机也;1.51,嗹(典)亦荷兰属国;1.61,荷兰,又析其名曰嗹,曰英吉利;1.71,占领吕宋的西班牙人,被认为就是占领满剌加和澳门的葡萄牙(佛郎机)人。(这种对荷兰的夸张的印象显然起源于 17 世纪。)

这种持续性含混状态的最典型事例就是 1844 年 11 月,作为钦差大臣,刚刚完成与英国、美国、法国的谈判的耆英,也许作为当时中国在西方国家问题上最权威的专家,在向皇帝汇报时竟称法国(唎𠾈𡃰)就是明代的佛郎机(葡萄牙),由此衍生出法国对天主教的兴趣由来。在利玛窦来华后,耆英解释道:"唎𠾈𡃰(France)人辄以澳门让大西洋(Portugal,葡萄牙),而自归其国。该夷权力十倍西洋,而甘以地让者,服利玛窦之教也。"[2] 显然,朝贡体系的意识形态及其影响在 19 世纪继续存留下来,这很大程度上是由于纯粹的无知,而这种无知影响之深,让当时中国本应清醒的外交政策受到严重的抑制。

─────────

[1] 《皇清职贡图》,1751 年乾隆帝谕命修纂,1761 年竣工,武英殿刻本,共 9 卷。
[2] 《筹办夷务始末》道光朝卷 73,第 3b 页。

表 3.7　明清时期赴华的欧洲使团

葡萄牙	荷兰	俄罗斯[8]	教皇[9]/英国
1520—1521年葡萄牙国王曼努埃尔（Emmanuel）派遣皮雷斯（Thome Pires）访华[1]	—	—	—
1670年葡萄牙国王阿方索六世（Alfonso VI）派遣使臣玛讷撒尔达聂访华[2]	1656年彼得·德高耶（Peter de Goyer）和雅各布·范·凯泽（Jacob van Keyser）使团访华	1656年沙皇阿列克谢一世米哈伊洛维奇（Alexis I Mikhailovitch）派裴可甫（Feodor Isakovitch Baikov）使团访华	—
1678年本托·佩雷拉·德法里亚（Bento Pereyea de Faria）访华[3]	1665年彼得·范霍伦(Pieter van Hoorn)使团访华[5]	1676年沙皇阿列克谢一世米哈伊洛维奇派遣尼古拉斯·G.斯帕萨里米列斯库（Nicolas G. Spathar Milescu）使团访华	—

续表

葡萄牙	荷兰	俄罗斯[8]	教皇[9]/英国
—	1686年[6]	1689年索菲亚摄政（regent Sophia）派遣费岳多（Féodor Alexiévitch Golovin）到尼布楚，没有到北京	—
—	—	1693—1694年彼得一世（Peter I）派遣伊斯雅布兰（Isbrand Ides）访华	1705年教皇克雷芒十一世（Clement XI）派遣铎罗（Maillard de Tournon）访华
—	—	1720—1721年彼得一世派遣列昂·瓦西列维奇·伊斯梅洛夫（Leon Vassiliévitch Izmailov）访华 1721—1725年劳伦特·朗（Laurent Lang）是贸易代表	1720年教皇克雷芒十一世派遣主教嘉乐（Patriarch Mezzabarba）访华

续表

葡萄牙	荷兰	俄罗斯[8]	教皇[9]/英国
1727年葡萄牙国王约翰五世(John V)派遣使臣麦德乐(A. Metello de Sousa Menezes)访华[4]	—	1726—1727年凯瑟琳一世(Catherine I)派遣萨瓦·弗拉季斯拉沃维奇(Sava Vladislavitch)访华	1725年教皇本笃十三世(Benedict XIII)派遣戈特哈德(Gothard)和伊尔德冯斯(Ildephonse)访华
1753年葡萄牙国王约瑟夫一世(Joseph I)派使臣巴哲格(F.-X. Assis Pacheco Sampayo)访华	1795年伊萨克·蒂进使团访华[7]	1767年凯瑟琳二世(Catherine II)派遣克罗波托夫(I. Kropotov)访华	1793年乔治三世(George III)派马嘎尔尼访华[10]
—	—	1805—1806年亚历山大一世(Alexander I)派遣戈洛夫金(Golovkin)访华,至库伦折返	—
—	—	1808年、1820年访华,无朝觐	1816年乔治三世派阿默斯特访华

注意:表中提及的时间是使团在京时间的公元纪年。除非特别说明,否则所有这些使团都到达了北京,并觐见了皇帝。对于每个使团,我们都

试图提及关于它的新近发表的主要研究。费赖之(L. Pfister Pauthier)《在华耶稣会士列传及书目》(*Notices biographiques et bibliographiques sur les jésuites de l'ancienne mission de Chine*, 1552 – 1773, 第 506、610 页)和科林 (S. Couling)《中国百科全书》(*The Encyclopaedia Sinica*, 第 160 页)所给出的使团列表不是完全准确的。

1. 张天泽《中葡通商研究》(*Sino-Portuguese Trade From 1514 to 1644: A Synthesis of Portuguese and Chinese Sources*, 莱顿, 1934 年, 第 43—44 页)认为葡萄牙国王将选人权留给印度总督, 由后者选派皮雷斯访华。也见张维华著:《葡萄牙第一次来华使臣事迹考》,《史学年报》第 1 卷第 5 期, 1933 年 8 月, 第 103—112 页; 矢野仁一著:《中国近代外国关系研究》, 京都, 1928 年。

2. 伯希和著:《在北京的玛讷撒尔达聂使团》,《通报》第 27 期, 1930 年, 第 421—424 页。

3.《康熙会典》卷 72(第 18b 页)记载了此事, 派遣使节的国王名为阿丰肃。(虽然阿方索六世在 1667 年就已被流放, 但他的兄弟佩德罗以他的名义统治直至 1683 年。)

4. 费赖之所著《在华耶稣会士列传及书目》一书第 610 页给出这个使团到达的数据。

5. 戴闻达在《关于最后赴华的荷兰使团的补充材料》("Supplementary Documents on the last Dutch Embassy to the Chinese Court",《通报》第 35 期, 1940 年)第 337—338 页叙述这个使团是在 1665 年访华, 而一份 1794 年的军机处备忘录档案显示, 这个使团是在 1666 年访华, 而《光绪会典事例》记载为 1667 年, 不正确。类似地, 在《清史稿·本纪》部分记载该使团访华时间为 1667 年,《康熙会典》记载为 1666 年, 科林记述为 1668 年(《中国百科全书》, 第 150 页)。戴闻达教授对最后一次赴华的荷兰使团进行了出色的研究, 这自然唤起了人们的希望: 他可以对之前的赴华使团开展相似的研究。

6.《康熙会典》卷 72, 第 13b 页(见第 137 页注释[1]对应的正文)。

戴闻达在《通报》第 35 期第 337—338 页提及了这个使团,但没有给出太多材料。《清史稿》也列出了这个使团,写明由威廉三世(William of Orange)派遣。

7. 参见戴闻达著:《1794—1795 年荷兰赴华使节记》,《通报》第 34 期,1938 年,第 1—137 页;《〈实录〉中最后的荷兰使团》("The Last Dutch Embassy in the 'Veritable Records'"),《通报》第 34 期,1938 年,第 223—227 页;《关于最后赴华的荷兰使团的补充材料》,《通报》第 35 期,1940 年,第 329—353 页。

8. 许多小规模赴北京的俄罗斯使团没有在本表中列出,像裴可甫仅为"代表"。继费赖之后,科林在《中国百科全书》第 160 页列出了 11 个俄罗斯使团;但是费赖之在《在华耶稣会士列传及书目》第 491—492 页,却列出了同一时段内的 18 个赴华俄罗斯代表和使团。科林所列明显来自不同的材料(虽然不知其名称),如一个"受到中国皇帝接见"的使团(米洛瓦诺夫和科比亚科夫,1670 年)在费赖之的列表中就没有出现。同时科林的列表删除了 1808 年和 1820 年两支俄罗斯使团,而费赖之在列表中列了出来。与此同时,两个列表都忽略了 J. W. 斯坦顿(J. W. Stanton)引述的布拉迪斯契夫(Bratishchev)使团,他在 1754 年被派往中国寻求签订条约,但实际只接到一封来自理藩院的信。我们可以根据斯坦顿博士留下的明确线索进一步研究。对于这个主题,参见 J. F. 巴德利(J. F. Baddeley)著:《俄国·蒙古·中国》(*Russia, Mongolia, China*),伦敦,1919 年;加斯东·卡昂(Gaston Cahen)著:《彼得大帝时期的中俄关系史,1689—1730》(*Histoire des relations de la Russie avec la Chine sous Pierre le Crand, 1689-1730*),巴黎,1911 年;斯坦顿著:《18 世纪赴华的俄罗斯使团》("Russian Embassies to Peking during the Eighteenth Century"),《密歇根大学历史集刊》,1937 年,第 97—112 页;刘宣民(音译):《尼布楚条约签订前的中俄关系》,《中国社会及政治学报》第 23 期,1940 年,第 391—440 页。

9. 清朝与教皇的关系参见费赖之所著《在华耶稣会士列传及书目》一书。

10. 普里查德(Earl H. Pritchard)所著《中英早期关键性的年代1750—1800》(The Crucial Years of Early Anglo-Chinese Relations, 1750-1800,普尔曼出版社,1936年)利用英国档案进行了杰出的研究。

以上表格是欧洲使团赴华的列表,特别感谢加德纳教授在编纂上的协助。本章将表3.7罗列于此,以供进一步的研究。这些使团说明了朝贡体系在衰落过程中的所有问题——与正式朝贡无关的贸易增长,欧洲人对叩头的厌恶和对平等地位的要求,当时中国人对西方悲剧性的无知。令人惊讶的是,对于中西关系中这些连续的互动试验,却还没有进行大量系统的研究。

第六节 清代的朝贡使团和对外贸易

不同版本的《大清会典》反映出不断变化的情况,但是没有揭示出任何实际的细节。作为研究各个朝贡使团真实活动的第一步,我们在下文表格中列出了1662—1911年间朝贡使团的记录。1644—1661年间的记录被省略了,是因为那个时期记录的是100多个蒙古和其他部落的进贡内容,其中许多名称我们无法确认,而在1662年步入康熙朝以后,这些内容就几乎不再被记载了——显然,因为它们(蒙古和其他部落)的进贡活动被置于理藩院的管理之下,而且在那时它们的进贡活动被认为与尚在礼部管理下的传统朝贡不同。

除了1200余册未编索引的《清实录》[1],没有哪种资料可以提供一份完整的清代赴北京朝贡使团的清单。下列表格我们

---

[1] 《大清历朝实录》,东京,1937年,1220册。参见毕乃德著:《〈东华录〉和〈实录〉的某些注释》,《哈佛亚洲研究学报》第4期,第101—115页。毕乃德在此文第112页指出,即使是《清实录》,也没有完全涵盖所有谕旨。

是通过《清史稿·本纪》和《东华录》[1]编列而成。这两种资料通常在每年年末给出朝贡使团的名单,特别是在 19 世纪上半叶(嘉庆朝和道光朝,1829—1831 年除外)。但是对同一个使团,这两种资料有时一种记录了,另一种却没有记录,有时均在文本中记录朝贡使团,却未列入文末的总结列表中。从尼泊尔和准噶尔前来的使团通常只记入正文部分,而不列入文末名单中。我们通过数字以区分这些资料来源的出处(译者按:表 3.8 中的数字 1、2、3、4 即对应下文所述史料来源):1. 记录在《清史稿·本纪》每年文末部分的朝贡使团;2. 记录在《东华录》文末的朝贡使团;3. 记录在《清史稿》正文中的朝贡使团;4. 记录在《东华录》正文中的朝贡使团。

我们已经检索了《清史稿》正文中(3)涵盖的绝大部分时段,特别是乾隆时期,两种文献通常都省略了文末总结部分。《东华录》正文部分(4)我们只完全检索了 1662 年之后的第一个十年,在其他地方则是断断续续地搜索。每一个条目都代表一次实际发生的朝贡事件,并已被核对,虽然没有双重检验。毫无疑问,可以在这些资料中进一步找到我们尚未发现的参考资料,但是我们相信,其数量不足以改变这里呈现出的总体情况。

另外,在浩如烟海的《清实录》中,我们可以获得更完整的记录,这也在一定程度上修正了基于《清史稿》的统计结果。因为《清实录》包含有大量的每年入贡的信息(从蒙古部落、西藏到其他地方),而这些是没有被记录在《清史稿》内的。这一情

---

[1] 王先谦和潘颐福辑录:《十一朝东华录》,广百宋斋版,上海,1891 年。我们所使用的《清史稿》是 1927 年赵尔巽和 1928 年金梁作序的版本,即初版或北京版。参见皮克(C. H. Peake)《〈清史稿〉不同版本的比较》("A comparison of the various editions of the Ch'ing Shih Kao"),《通报》第 35 期,1940 年,第 354—363 页。

况出现在对1644年、1654年、1664年,并以十年为间隔一直持续到1834年的检索中。这种差异也许可以解释这样一种理论,即《清史稿》通常将理藩院管辖下的常规入贡事宜排除在记录之外。但是这种记录上的排除有时更进一步,一些从南部和东部前来的朝贡使团也被排除在外。因此,《清实录》在1664年(卷11,第3b页;卷12,第24b页)记载了来自安南和琉球的朝贡使团,但《清史稿·本纪》部分的相同年份却没有提及。《清实录》在1674年(康熙十三年,卷45,第10b页)记载了安南朝贡之事,但《清史稿·本纪》在相同年份内没有提及。还有其他事例也可以被引用,以说明《清史稿》文本对于朝贡事宜的记载是不完整的。[1] 毫不奇怪,对于在清朝建立前就已经运行了很长时期的一项制度,20世纪初期的清史编纂者们的记载并不完美。这样看来,一份相对完整的清朝朝贡使团的清单,只有通过逐页翻阅1200余册的《清实录》才能得到。我们还没有这样尝试过,但我们希望将来有人可以进行这项工作。在这一令人开心的事情发生之前,下面给出的似乎是目前的最佳数据。

---

[1] 例如,齐鲲和费锡章《续琉球国志略》卷2(1809年版)中记载了1757—1809年间琉球国每十年朝贡一次,但却没有在我们的表中出现,而我们记载了琉球每六年朝贡一次的情况,却不被《续琉球国志略》记载。同样,《粤海关志》卷21(第17—45页)记载了1665—1839年间,来自暹罗的朝贡活动,但是在我们的表中没有出现,而我们记载了暹罗每十余年朝贡一次的事情,也没有被《粤海关志》记载。其中一些差异可以用不同的观察者的记述地点不同来解释。在广州或琉球记录时,朝贡使团可能在不同年份已到达,或还没有到达北京。

表 3.8　清朝的朝贡使团 1662—1911 年

年号	年份	公元纪年	朝鲜	琉球	安南	暹罗	缅甸	南掌	苏禄	廓尔喀	准噶尔	俄罗斯	欧洲	其他
康熙	一	1662	1 2	—	—	—	—	—	—	—	—	—	—	—
	二	1663	1	—	—	—	—	—	—	—	—	—	3 4[a] 荷兰	—
	三	1664	1 2	2	4	—	—	—	—	—	—	—	—	—
	四	1665	1 2	1 2	—	1 2	—	—	—	—	—	—	—	—
	五	1666	1 2	1 2	—	—	—	—	—	—	—	—	—	—
	六	1667	1 2	—	—	—	—	—	—	—	—	—	1 2 荷兰	—
	七	1668	1 2	—	1 2	1 2	—	—	—	—	—	—	—	—
	八	1669	1 2	1 2	—	—	—	—	—	—	—	—	—	—
	九	1670	1 2	—	—	—	—	—	—	—	—	—	2 4 葡萄牙	—
	十	1671	1 2	1 2	—	—	—	—	—	—	—	—	—	—
	十一	1672	1 2	—	—	4	—	—	—	—	—	—	—	—
	十二	1673	1 2	—	1	2	—	—	—	—	—	—	—	4[b]
	十三	1674	1 2	1 2	—	—	—	—	—	—	—	—	—	—
	十四	1675	1 2	—	—	—	—	—	—	—	—	—	—	—
	十五	1676	1 2	—	—	—	—	—	—	—	—	3 4	—	—
	十六	1677	1 2	—	—	—	—	—	—	—	—	—	—	—
	十七	1678	1 2	—	—	—	—	—	—	—	—	—	1 2 葡萄牙	—

续表

年号	年份	公元纪年	朝鲜	琉球	安南	暹罗	缅甸	南掌	苏禄	廓尔喀	准噶尔	俄罗斯	欧洲	其他
康熙	十八	1679	1 2	1 2	1 2	—	—	—	—	—	—	—	—	—
	十九	1680	1 2	1 2	—	—	—	—	—	—	—	—	—	—
	二十	1681	1 2	2	—	—	—	—	—	—	1 3^c	—	—	—
	二十一	1682	1 2	—	1 2	—	—	—	—	—	—	—	—	—
	二十二	1683	1 2	1 2	—	—	—	—	—	—	—	—	—	—
	二十三	1684	1 2	2	—	1 2	—	—	—	—	—	—	—	—
	二十四	1685	1 2	1 2	—	—	—	—	—	—	1^c	—	—	—
	二十五	1686	1 2	—	1 2	—	—	—	—	—	—	—	1 2 荷兰	1 2^b
	二十六	1687	1 2	—	—	—	—	—	—	—	—	—	—	—
	二十七	1688	1 2	1 2	—	—	—	—	—	—	—	—	—	—
	二十八	1689	1 2	2	—	—	—	—	—	—	—	—	—	—
	二十九	1690	1 2	—	—	—	—	—	—	—	—	—	—	—
	三十	1691	1 2	1 2	1	—	—	—	—	—	—	—	—	—
	三十一	1692	1 2	—	—	—	—	—	—	—	—	—	—	—
	三十二	1693	1 2	1 2	—	—	—	—	—	—	—	—	—	—
	三十三	1694	1 2	—	—	—	—	—	—	—	—	—	—	—
	三十四	1695	1 2	1 2	—	—	—	—	—	—	—	—	—	—

续表

年号	年份	公元纪年	朝鲜	琉球	安南	暹罗	缅甸	南掌	苏禄	廓尔喀	准噶尔	俄罗斯	欧洲	其他
康熙	三十五	1696	1 2	—	—	—	—	—	—	—	—	—	—	—
	三十六	1697	1 2	1 2	1 2	—	—	—	—	—	—	—	—	—
	三十七	1698	1 2	—	—	—	—	—	—	—	—	—	—	—
	三十八	1699	1 2	1 2	—	—	—	—	—	—	—	—	—	—
	三十九	1700	1 2	—	—	—	—	—	—	—	—	—	—	—
	四十	1701	1 2	1 2	—	—	—	—	—	—	—	—	—	—
	四十一	1702	1 2	1	—	—	—	—	—	—	—	—	—	—
	四十二	1703	1 2	1 2	1 2	—	—	—	—	—	—	—	—	—
	四十三	1704	1 2	—	—	—	—	—	—	—	—	—	—	—
	四十四	1705	1 2	1 2	—	—	—	—	—	—	—	—	—	—
	四十五	1706	1 2	—	—	—	—	—	—	—	—	—	—	—
	四十六	1707	1 2	1 2	—	—	—	—	—	—	—	—	—	—
	四十七	1708	1 2	—	2	—	—	—	—	—	—	—	—	—
	四十八	1709	1 2	1 2	—	—	—	—	—	—	—	—	—	—
	四十九	1710	1 2	—	1 2	—	—	—	—	—	—	—	—	—
	五十	1711	1 2	1 2	—	—	—	—	—	—	—	—	—	—
	五十一	1712	1 2	—	—	—	—	—	—	—	—	—	—	—
	五十二	1713	1 2	1 2	—	—	—	—	—	—	—	—	—	—

续表

年号	年份	公元纪年	朝鲜	琉球	安南	暹罗	缅甸	南掌	苏禄	廓尔喀	准噶尔	俄罗斯	欧洲	其他
康熙	五十三	1714	1 2	—	—	—	—	—	—	—	—	—	—	—
	五十四	1715	1 2	1 2	—	—	—	—	—	—	—	—	—	—
	五十五	1716	1 2	—	1 2	—	—	—	—	—	—	—	—	—
	五十六	1717	1 2	—	—	—	—	—	—	—	—	—	—	—
	五十七	1718	1 2	1 2	1 2	—	—	—	—	—	—	—	—	—
	五十八	1719	1 2	1 2	—	—	—	—	—	—	—	—	—	—
	五十九	1720	1 2	1 2	—	—	—	—	—	—	—	—	—	—
	六十	1721	1 2	1 2	1 2									
	六十一	1722	—	—	—	—	—	—	—	—	—	—	—	—
雍正	一	1723	1 2	1 2	—	—	—	—	—	—	—	—	—	—
	二	1724	1	—	1	1								
	三	1725	1	1 2	—	—	—	—	—	—	—	—	1 2 教廷	
	四	1726	1	1	—	—	—	—	1 2	—	—	—	—	—
	五	1727	1								1			
	六	1728	1											
	七	1729	1 2	1 2	—	—	—	—	—	—	—	—	—	—
	八	1730	1	—	1 2	—	—	1	—	—	—	—	—	—
	九	1731	1	1 2	—	—	—	—	—	—	—	—	—	—

续表

年号	年份	公元纪年	朝鲜	琉球	安南	暹罗	缅甸	南掌	苏禄	廓尔喀	准噶尔	俄罗斯	欧洲	其他
雍正	十	1732	1	—	—	—	—	—	—	—	—	—	—	1[d]
	十一	1733	1	—	1	—	—	—	1	—	—	—	—	—
	十二	1734	1	1 2	—	—	—	—	—	—	—	—	—	—
	十三	1735	2	—	—	—	—	—	—	—	3	—	—	—
乾隆	一	1736	1 2	—	1 2	1 2	—	1 2	—	—	—	—	—	—
	二	1737	1 2	1 2	2 3	—	—	2 3	—	—	—	—	—	—
	三	1738	2 3	2 3	2 3	—	—	—	—	—	3	—	—	—
	四	1739	2 3	—	—	—	—	—	—	—	—	—	—	3[g]
	五	1740	2 3	2 3	—	—	—	—	—	—	—	—	—	—
	六	1741	2	2 3	—	—	—	2 3	—	—	—	—	—	—
	七	1742	2 3	3	—	—	—	—	—	—	3	—	—	—
	八	1743	2 3	2 3	2 3	—	—	—	2 3	—	3	—	—	—
	九	1744	2 3	2	—	—	—	—	—	—	—	—	—	—
	十	1745	2 3	—	—	—	—	—	—	—	3	—	—	—
	十一	1746	2 3	—	—	—	—	—	—	—	3	—	—	—
	十二	1747	2	—	—	—	—	3[e]	—	—	—	—	—	—
	十三	1748	2 3	2 3	—	—	—	—	—	—	—	—	—	—
	十四	1749	2	—	—	2	—	3	—	—	—	—	—	—

续表

年号	年份	公元纪年	朝鲜	琉球	安南	暹罗	缅甸	南掌	苏禄	廓尔喀	准噶尔	俄罗斯	欧洲	其他
	十五	1750	2 3	2	—	—	2 3	—	—	—	—	—	—	—
	十六	1751	2	2	—	3	—	—	—	—	—	—	—	—
	十七	1752	—	—	—	—	3	—	3	—	—	3 葡萄牙	3[g]
	十八	1753	2	—	—	—	3	—	3[f]	—	—	3 葡萄牙	
	十九	1754	2	2 3	2 3	—	—	2 3	—	—	—	—	—	—
	二十	1755	2 3	2 3	—	—	—	—	—	—	—	—	—	—
	二十一	1756	2	2	—	2 3	—	—	—	—	—	—	—	—
	二十二	1757	1 2 3	1 2 3	—	1 2	—	—	—	—	—	—	—	3[h]
乾隆	二十三	1758	2 3	—	—	—	—	—	—	—	—	—	—	3[h]
	二十四	1759	2	—	—	—	—	—	—	—	—	—	—	—
	二十五	1760	1 2	—	—	—	1 2	—	—	—	—	—	—	—
	二十六	1761	2	—	—	—	3	—	—	—	—	—	—	—
	二十七	1762	2 3	—	—	—	—	—	—	—	—	—	—	1 3[i]
	二十八	1763	2	—	—	—	—	—	—	—	—	—	—	—
	二十九	1764	2 3	—	—	—	—	—	—	—	—	—	—	—
	三十	1765	2 3	—	—	—	—	—	—	—	—	—	—	—
	三十一	1766	1 2	1 2	—	—	—	—	—	—	—	—	—	—
	三十二	1767	2	—	2	—	—	—	—	—	—	—	—	—

续表

年号	年份	公元纪年	朝鲜	琉球	安南	暹罗	缅甸	南掌	苏禄	廓尔喀	准噶尔	俄罗斯	欧洲	其他
乾隆	三十三	1768	2	2	—	—	—	—	—	—	—	—	—	—
	三十四	1769	2	—	—	—	—	—	—	—	—	—	—	—
	三十五	1770	2	2	—	—	—	—	—	—	—	—	—	—
	三十六	1771	2	—	—	—	—	2	—	—	—	—	—	—
	三十七	1772	2	2	—	—	—	—	—	—	—	—	—	—
	三十八	1773	1 2	—	1 2	—	—	—	—	—	—	—	—	—
	三十九	1774	1 2	1 2	—	—	—	—	—	—	—	—	—	—
	四十	1775	2	2	—	—	—	—	—	—	—	—	—	—
	四十一	1776	2	—	—	—	3	—	—	—	—	—	—	—
	四十二	1777	2	—	—	3	—	—	—	—	—	—	—	—
	四十三	1778	2 3	2 3	—	—	—	—	—	—	—	—	—	—
	四十四	1779	2	—	—	—	—	—	—	—	—	—	—	—
	四十五	1780	2 3	2	—	—	—	—	—	—	—	—	—	—
	四十六	1781	2 3	—	2	2 3	—	2 3	—	—	—	—	—	—
	四十七	1782	2	2	—	2	—	—	—	—	—	—	—	—
	四十八	1783	2 3	—	—	—	—	—	—	—	—	—	—	—
	四十九	1784	1 2	1 2	1 2	1 2	—	—	—	—	—	—	—	—
	五十	1785	1 2	—	—	—	—	—	—	—	—	—	—	—

第三章 论清代的朝贡体系

续表

年号	年份	公元纪年	朝鲜	琉球	安南	暹罗	缅甸	南掌	苏禄	廓尔喀	准噶尔	俄罗斯	欧洲	其他
乾隆	五十一	1786	1 2	1 2	—	1 2	—	—	—	—	—	—	—	—
	五十二	1787	2	—	—	—	—	—	—	—	—	—	—	—
	五十三	1788	2	2	—	—	3	—	—	—	—	—	—	—
	五十四	1789	2	—	2 3	—	—	—	—	—	—	—	—	—
	五十五	1790	2 3	2 3	2 3	3	2 3	2 3	—	—	—	—	—	—
	五十六	1791	2 3	—	2	2	2 3	—	—	—	—	—	—	—
	五十七	1792	2	—	2 3	2	—	—	—	2 3	—	—	—	3[k]
	五十八	1793	2	2	2 3	—	2	—	—	—	—	—	2 3 英国[j]	—
	五十九	1794	2	—	—	—	—	—	—	3	—	—	2 3 荷兰	—
	六十	1795	2	1 2	1 2	1 2	1 2	1 2	—	1	—	—	1 2 英国[j]	—
嘉庆	一	1796	1 2	—	—	—	—	—	—	—	—	—	—	—
	二	1797	1 2	1 2	—	1 2	—	—	—	—	—	—	—	—
	三	1798	1 2	1 2	—	1 2	—	—	—	—	—	—	—	—
	四	1799	1 2	—	—	1 2	—	—	—	—	—	—	—	—
	五	1800	1 2	1 2	—	—	—	—	—	—	—	—	—	—
	六	1801	1 2	—	—	1 2	—	—	—	—	—	—	—	—
	七	1802	1 2	—	—	—	—	—	—	—	—	—	—	—
	八	1803	1 2	—	1 2[l]	—	—	—	—	—	—	—	—	—

续表

年号	年份	公元纪年	朝鲜	琉球	安南	暹罗	缅甸	南掌	苏禄	廓尔喀	准噶尔	俄罗斯	欧洲	其他
嘉庆	九	1804	1 2	—	—	1 2	—	—	—	—	—	—	—	—
	十	1805	1 2	—	—	—	—	—	—	—	—	—	1 2 3 英国	—
	十一	1806	1 2	1 2	—	—	—	—	—	—	—	—	—	—
	十二	1807	1 2	1 2	—	—	1 2	—	—	—	—	—	—	—
	十三	1808	1 2	1 2	—	—	—	—	—	—	—	—	—	—
	十四	1809	1 2	1 2	1 2	1 2	—	1 2	—	—	—	—	—	—
	十五	1810	1 2	—	—	1 2	—	—	—	—	—	—	—	—
	十六	1811	1 2	1 2	—	1 2	1 2	—	—	—	—	—	—	—
	十七	1812	1 2	—	—	1 2	—	—	—	—	—	—	—	—
	十八	1813	1 2	1 2	1 2	1 2	—	—	—	—	—	—	—	—
	十九	1814	1 2	1 2	—	—	—	—	—	—	—	—	—	—
	二十	1815	1 2	1 2	—	1 2	—	—	—	—	—	—	—	—
	二十一	1816	1 2	1 2	—	—	—	—	—	—	—	—	1 2 3 英国	—
	二十二	1817	1 2	1 2	1 2	—	—	—	—	—	—	—	—	—
	二十三	1818	1 2	1 2	—	—	—	—	—	—	—	—	—	—
	二十四	1819	1 2	1 2	1 2	1 2	—	1 2	—	—	—	—	—	—
	二十五	1820	1 2	1 2	—	—	—	—	—	—	—	—	—	—

续表

年号	年份	公元纪年	朝鲜	琉球	安南	暹罗	缅甸	南掌	苏禄	廓尔喀	准噶尔	俄罗斯	欧洲	其他
道光	一	1821	1 2	1 2	1 2	—	—	—	—	—	—	—	—	—
	二	1822	1 2	1 2	—	1 2 3	—	—	—	—	—	—	—	—
	三	1823	1 2	1 2	—	1 2	1 2	—	—	3ᵉ	—	—	—	—
	四	1824	1 2	1 2	—	—	—	—	—	—	—	—	—	—
	五	1825	1 2	1 2	—	1 2	1 2	—	—	—	—	—	—	—
	六	1826	1 2	1 2	—	—	—	—	—	—	—	—	—	—
	七	1827	1 2	1 2	—	1 2	—	—	—	—	—	—	—	—
	八	1828	1 2	1 2	—	—	—	—	—	—	—	—	—	—
	九	1829	2 3	2	2	2	2 3	—	—	—	—	—	—	—
	十	1830	2	2	—	2 3	—	—	—	—	—	—	—	—
	十一	1831	2 3	2	2	2 3	—	—	—	—	—	—	—	—
	十二	1832	1 2	1 2	—	1 2	—	1 2	—	—	—	—	—	—
	十三	1833	1 2	1 2	1 2	—	1 2	—	—	—	—	—	—	—
	十四	1834	1 2	1 2	—	1 2	1 2	—	—	—	—	—	—	—
	十五	1835	1 2	1 2	—	—	—	—	—	—	—	—	—	—
	十六	1836	1 2	—	—	1 2	—	—	—	—	—	—	—	—
	十七	1837	1 2	1 2	1 2	1 2	—	—	—	—	—	—	—	—
	十八	1838	1 2	1 2	—	1 2	—	—	—	—	—	—	—	—

续表

年号	年份	公元纪年	朝鲜	琉球	安南	暹罗	缅甸	南掌	苏禄	廓尔喀	准噶尔	俄罗斯	欧洲	其他
道光	十九	1839	1 2	1 2	—	—	—	—	—	—	—	—	—	—
	二十	1840	1 2	—	—	—	—	—	—	—	—	—	—	—
	二十一	1841	1 2	1 2	—	—	—	1 2	—	—	—	—	—	—
	二十二	1842	1 2	1 2	—	—	—	—	—	1	—	—	—	—
	二十三	1843	1 2	—	—	1 2	1 2	—	—	—	—	—	—	—
	二十四	1844	1 2	—	—	1 2	—	—	—	—	—	—	—	—
	二十五	1845	1 2	—	1 2	—	—	—	—	—	—	—	—	—
	二十六	1846	1 2	1 2	—	—	—	—	—	—	—	—	—	—
	二十七	1847	1 2	1 2	—	—	—	—	—	—	—	—	—	—
	二十八	1848	1 2	1 2	1 2	1 2	—	—	—	—	—	—	—	—
	二十九	1849	1 2	1 2	1 2	—	—	—	—	—	—	—	—	—
	三十	1850	1 4	1 4	—	—	—	—	—	—	—	—	—	—
咸丰	一	1851	1	1	—	—	—	—	—	—	—	—	—	—
	二	1852	1	—	—	1	—	—	—	—	—	—	—	—
	三	1853	1	1	1	1	1	1	—	—	—	—	—	—
	四	1854	1 4	1	—	—	—	—	—	—	—	—	—	—
	五	1855	1	1	—	—	—	—	—	—	—	—	—	—

第三章 论清代的朝贡体系

续表

年号	年份	公元纪年	朝鲜	琉球	安南	暹罗	缅甸	南掌	苏禄	廓尔喀	准噶尔	俄罗斯	欧洲	其他
咸丰	六	1856	1	—	—	—	—	—	—	—	—	—	—	—
	七	1857	1	1	—	—	—	—	—	—	—	—	—	—
	八	1858	1 4	1	—	—	—	—	—	—	—	—	—	—
	九	1859	1	1	—	—	—	—	—	—	—	—	—	—
	十	1860	1	—	—	—	—	—	—	—	—	—	—	—
	十一	1861	3	—	—	—	—	—	—	—	—	—	—	—
同治	一	1862	1 2	1 2	—	—	—	—	—	—	—	—	—	—
	二	1863	1 2	—	—	—	—	—	—	—	—	—	—	—
	三	1864	1 2	1 2	—	—	—	—	—	—	—	—	—	—
	四	1865	—	—	—	—	—	—	3	—	—	—	—	—
	五	1866	1 2	1 2	—	—	—	—	—	—	—	—	—	—
	六	1867	1 2	1 2	—	—	—	—	—	—	—	—	—	—
	七	1868	1 2	—	—	—	—	—	—	—	—	—	—	—
	八	1869	1 2	1 2	1 2	—	—	—	—	—	—	—	—	—
	九	1870	1 2	—	—	—	—	—	—	—	—	—	—	—
	十	1871	1 2	1 2	1 2	—	—	—	—	—	—	—	—	2ᵐ
	十一	1872	1 2	—	—	—	—	—	—	—	—	—	—	—
	十二	1873	1	—	—	—	—	—	—	—	—	—	—	—
	十三	1874	—	—	—	—	—	—	—	—	—	—	—	—

续表

年号	年份	公元纪年	朝鲜	琉球	安南	暹罗	缅甸	南掌	苏禄	廓尔喀	准噶尔	俄罗斯	欧洲	其他
光绪	一	1875[p]	1	1	—	—	1	—	—	—	—	—	—	—
	二	1876	—	—	—	—	—	—	—	—	—	—	—	—
	三	1877	—	3[n]	3	—	—	—	—	—	—	—	—	—
	四	1878	1	—	—	—	—	—	—	1	—	—	—	—
	五	1879	1	—	—	—	—	—	—	1	—	—	—	—
	六	1880	1	—	—	—	—	—	—	1	—	—	—	3[o]
	七	1881	1	—	1	—	—	—	—	—	—	—	—	—
	八	1882	1	—	—	—	—	—	—	—	—	—	—	—
	九	1883	1	—	1	—	—	—	—	—	—	—	—	—
	十	1884	1	—	—	—	—	—	—	—	—	—	—	—
	十一	1885	—	—	—	—	—	—	—	—	—	—	—	—
	十二	1886	1	—	—	—	—	—	—	—	—	—	—	—
	十三	1887	1	—	—	—	—	—	—	—	—	—	—	—
	十四	1888	—	—	—	—	—	—	—	—	—	—	—	—
	十五	1889	1	3	—	—	—	—	—	—	—	—	—	—
	十六	1890	—	—	—	—	—	—	—	—	—	—	—	—
	十七	1891	—	—	—	—	—	—	—	—	—	—	—	—
	十八	1892	1	—	—	—	—	—	—	—	—	—	—	—

续表

年号	年份	公元纪年	朝鲜	琉球	安南	暹罗	缅甸	南掌	苏禄	廓尔喀	准噶尔	俄罗斯	欧洲	其他
光绪	十九	1893	—	—	—	—	—	—	—	—	—	—	—	—
	二十	1894	1	—	—	—	—	—	—	—	—	—	—	—
	二十一	1895ʳ												
	三十四	1908	—	—	—	—	—	—	—	3	—	—	—	—
宣统	一	1909	—	—	—	—	—	—	—	—	—	—	—	—

a. 荷兰国遣使进贡,请求准许协助清军对郑氏的战争,因而获得朝廷奖励。这个贡使可能是博尔特(Bort)、卡姆本(van Kampen)和诺贝尔(Nobel),他们都没有到达北京(存疑)。

b. 土鲁番。

c. 厄鲁特(漠西蒙古),后来紧随其后的是准噶尔人。古恒(Maurice Courant)著:《17与18世纪的中亚》(L'Asie Centrale aux XVIIᵉ et XVIIIᵉ siècles),巴黎,1912年。此书总结了《东华录》中所载的此时期内的满蒙关系。

d. 巴布尔国,参见布鲁纳特、哈盖尔斯特洛姆著,贝勒申科、莫兰译:《当代中国的政治机构》,上海,1912年,第907页,巴布(Parbuttiya),即尼泊尔。

e. 未具体提及朝贡细节。

f. 永行停止进贡。此后,清朝平定准噶尔部。

g. 布鲁克巴之额尔德尼第巴。参见布鲁纳特、哈盖尔斯特洛姆著,贝勒申科、莫兰译:《当代中国的政治机构》,上海,1912年,第906页。

h. 吉尔吉斯(哈萨克)。

i. 库尔勒伯克,以及爱乌罕。

j. 1792年准许马嘎尔尼朝贡;1793年朝贡;1795年进贡品,未到北京。

k. 霍罕额尔德尼伯克那尔巴图。

l. 安南变为越南。

m. 日本。

n. 日本阻止琉球赴清朝朝贡,贡使返回。

o. 察木多帕克巴拉胡土克图。

p. 1874 年后只使用资料 1 和 3。

q. 西藏巴尔布部库库木颜布叶楞三汗。(译者按:原文表格中未标注 q。)

r. 从这一年至 1907 年,资料上没有任何记录。

表 3.8 所示 1662—1860 年这两个世纪的时间内,可以归纳出以下几个要素:

1. 朝鲜——使团几乎年年赴北京朝贡,只有 1 到 2 次例外。

2. 琉球——使团隔年赴北京朝贡一次,实际上琉球在两个世纪时间里共朝贡达 115 次,而在 1813—1835 年期间年年朝贡,这对于中日贸易具有重要意义。

3. 安南——使团在两个世纪内共赴京朝贡 45 次,其中 24 次为第二个世纪内发生,比第一个世纪稍有上涨。

4. 暹罗——使团在两个世纪内共赴京朝贡 48 次,其中 11 次为第一个世纪内发生,37 次是在 1780—1860 年间发生——在这段时期的后半段有显著上涨。

5. 缅甸——使团在 1750—1853 年间共赴京朝贡 16 次,其中 12 次发生在 1789 年之后,即主要是在 19 世纪。

6. 南掌——使团在 1730—1853 年间共赴京朝贡 17 次,时间分布相对平均,每十年一贡。

7. 苏禄——使团在 1726—1754 年间朝贡 7 次。

1662 年以后所列出的其他朝贡使团要么来自欧洲,要么从北部或西部而来,而后者包括了十几次不同的朝贡者,如 1792—1908 年间尼泊尔(廓尔喀)的 10 次朝贡,漠西蒙古(厄鲁特,准噶尔)至少 10 次的进贡,以及来自西藏、土鲁番和特定部落的进贡,这些入贡都非常稀少。在 1818 年版《大清会典》之前就已经记录了尼泊尔的进贡情况,但并不是常规性的。

从这些迹象来看,在 1662—1860 年的后期,朝鲜继续常规化的朝贡,来自琉球和安南的朝贡频率上升,来自暹罗和缅甸的朝贡次数明显增长。根据这个表格,在第一个世纪里记录了 216 次朝贡事件,而第二个世纪的 1762—1860 年间则记录了 254 次。刨除朝鲜朝贡次数这个固定值,1662—1761 年间平均每年朝贡使团为 1.16 个,而在 1801—1860 年间平均每年朝贡使团为 1.68 个。因此,随着清朝由盛而衰,朝贡数量增长了——18 世纪清朝统治达到顶峰时,朝贡活动要比 19 世纪上半叶的衰落时期少。

目前,还没有办法对得出此结论所依据参考文献的完整性做出最终的判断。不难想象的是,随着王朝的日渐衰弱,朝廷通过对朝贡使团做出更完整的记录以维护声望。但是就我们所知,按照清代官方的纂写活动的规律性而言,这不太可能。在任何情况下,这些证据,即使只是一些经过选择的数据,也必须按其现状加以考虑,直到为《实录》制作了索引,并且它或者其他资料也已引发了进一步的参考。那么,我们应如何看待这些证据呢?

最显而易见的解释是,派遣朝贡使团数量的增加是出于商业动机。另一种解释可能基于国际政治。在后一种可能性下,如果真的可以将经济利益排除在外,那么在 1765—1769 年和 1792 年,在清朝对缅甸和尼泊尔各自采取军事措施后,二者的朝贡活动可能会增加。苏禄和南掌的朝贡活动似乎不符合任何特定的解释。然而,暹罗和琉球的情况,尤其是后者,可以暂时归因于商业利益的增长。但是,朝贡使团自身是商业性的,还是仅仅辅助贸易的,仍有待调查。但至少琉球的案例,可以为商业解释提供强有力的证据，因为琉球是中日贸易的中转站。事实上，在朝贡使团总数量增长的记录中，有很大一部分（几乎是三分之一）是由于琉球。按照清朝规定，琉球应该每两年朝贡一次，但是在 1806—1860 年间，却有 45 次朝贡记录。我们总结了英国副领事 1851 年在福州所写的一份相当有趣的报告，对朝贡贸易的过程进行了一手的描述。[1]

至少在某些情况下，朝贡使团数量的增加为商业扩张提供了一个载体，这也为我们提出了新问题：贸易与朝贡在近代的关

---

[1] 为了琉球在福州进行贸易，10 名华商被授予终身封号，像广州的公行一样共同负责贸易。这些垄断者具有半官方地位，且在实际上具有世袭性。他们向官府汇报贸易情况，并通过垄断从中获得巨额利润。

　　对贸易程序描写如下：琉球的贡使到达后，先拜访道台和布政使并得到款待，但布政使并不出席，由海防代表其尽地主之谊。然后，贡使呈交一份贡品清单，以及两艘贡船所携带的进口物品和武器清单，待得到批准后，贡使在清朝官员的护送下启程赶赴北京，两艘船也被允许卸货。官方在查验完进口货物清单后，华商每人分销一定分额的进口货物，并向琉球商人报价进口商品的价格和出口的需求。琉球商人携带硬币以支付出口商品的额外费用。这是一种含有大量合金的日本小型金币，如果华商不能在当地将其转换成银锭，那么也很容易运输到广州或苏州出售。琉球商人在垄断贸易者手中所获得的唯一补偿是，他们的商品免除了所有的官方关税，尽管送给清朝官员一些礼品是难以避免的。

　　琉球贸易之所以兴盛，是因为至少有一半商品在琉球朝贡之际被转口到日本。货物从琉球运到福州，2 至 5 个月内就可以完成信贷（赊销）偿还，然后货物被转运到日本完成贸易。即使琉球的货品免除关税，但琉球方面也没有将货品清单准确地向福州海关汇报。按照"老规矩"，每年申报的进口物品基本相同，年复一年，只是略有变化而已，以至于真正上报的物品不到实际进口商品的一半，大部分在官方知情默许的情况下被华商、掮客走私销售。领事怀疑如此做法实际为了规避对贸易规模的某些法定限制。

　　当贡使从北京返回时，所有的账目都关闭了。贡使再次拜访布政使并接受款待。领事说，中国人非常喜欢说"有朋自远方来，不亦乐乎"。贡使还从布政使那里收到 500 两，作为他赴北京的旅途支出。最后是离别仪式，贡使身穿琉球服饰，在海关衙门的高台上，向皇帝行隆重的叩头礼，以感谢皇恩免除了贡船的关税。

　　琉球同所有外国人一样，被视为"夷"。在福州，他们被限制在朝贡使居住的特定区域内，不得擅自进入内城或内地。1851 年，新任的琉球国王仅 17 岁，依然年少，他的父亲已于两三年前去世，次年（1852）他正式继位，清朝派遣册封使赴琉球颁赐诏书和绸缎。按照惯例，这位担任册封使的高官是从福建选拔出来的，从福州出发，带领 500 名官兵乘两艘册封船前往。可以估算，包括给册封使及其随从的礼品、维护费和被迫从册封使团那里高价购买的物品费用，琉球一方总计支出不低于 3 万两白银。[副领事辛克莱尔（Sinclair）福州第 26 号，给文咸爵士（Sir Samuel George Bonham）书信，1851 年 6 月 18 日，英国领事档案，福州。]

系。虽然很多问题尚未被解决,不过既然我们已经提出了许多问题,不妨进一步大胆地对朝贡贸易做一个简明的解释。

1. 众所周知,在近代,中国与西方的海上贸易打破了中国传统贸易的排他性,近代贸易已经无法局限于朝贡体系之内了。这一过程在19世纪鸦片贸易中最为典型,它为整个英美商业的渗透起到润滑作用,并快速增加了18世纪东印度公司从事茶叶贸易所建立起的中西贸易流量。但也正是这种贸易的持续增长导致了朝贡体系和英国间的致命较量,并由此引发了19世纪后期中国的灾难。这个主题已经得到广泛研究。

2. 相比之下,清代中国本土贸易的扩张却被忽视了。从厦门和广州前往东印度群岛和马来亚的帆船贸易(junk trade)[1],被默认为明朝郑和下西洋的逻辑背景,而对中国王朝扩张时期的学术研究主要集中于文本问题,而非经济史领域。随着1433年下西洋活动的停止,中国与东南亚的贸易情况一直晦涩不明,直到1511年葡萄牙人抵达马六甲之后,正如前文所述,欧洲人渗透的故事开始了。

人们普遍认为,在马六甲、马鲁古群岛和其他地方的葡萄牙人开始从事此前在阿拉伯掌控下蓬勃发展起来的东西方贸易。很显然,下一步是推断葡萄牙人和他们的继承者荷兰人与英国人也开始进行南北贸易,这种贸易在中国和东南亚地区已经很繁荣了,主要由中国人主导进行。这种观点可能被视为老生常

---

[1] 这种来自中国南方广州和厦门的伟大帆船贸易的存在,在《嘉庆会典》卷31第15页(《光绪会典》中删除)中得以记述,文中列出了交易本土产品的国家:各国近西北者,如干丝腊(葡萄牙)国、瑞国(瑞典)、嗹国(丹麦),均该国夷商,来内地贸易,夏至冬归。其西南洋柬埔寨、宋胶朥、柔佛、丁机奴、亚齐诸国,南洋吕宋诸国,均广东本港商人及浙江、福建商人,于冬春往该国贸易,夏秋乃归。

谈。例如,一位最近在菲律宾的西班牙学者指出[1],马尼拉主要是作为中国和美洲之间的贸易转口港而繁荣起来的,而中国与马尼拉之间的贸易由中国人主导进行。换句话说,早期欧洲和东南亚的贸易,被嫁接到已经繁荣发展的中国帆船贸易之上。中国本土的贸易扩张源自蒙古时代,甚至更早,这为欧洲的海上入侵铺平了道路。难道我们不应该假设它也在一段时间内与西方商业的发展保持同步吗?[2]

3. 19世纪早期中国与马来亚间的帆船贸易的活力,清晰地反映在1818年版《大清会典》之中,它列出了与清朝有商业往来,而非朝贡交往的国家。根据本章第四节对这些国家的说明,我们可以构建起下表。

表3.9　1818年非朝贡的贸易国家

地点	与厦门的距离(更)[3]	与广州的距离(里)
港口国(存疑)	水程160	达广东界7200
东埔寨	水程170	与港口国路线同

---

[1] W.L. 舒尔茨(W.L. Schurz)著:《马尼拉大帆船》(*The Manila Galleon*),纽约,1939年。
[2] 早期中西方在马来亚的商业竞争研究,参见张德昌著:《清代鸦片战争前之中西沿海通商》,《清华学报》1935年第1期,第97—145页。
[3] "更"表海上距离,1更并不等于陆上1里。王大海在《海岛逸志》中提出"每更五十里",而在19世纪叶羌镛所著的《吕宋纪略》中写有"凡海中记里,以一百里为一更"。按此比率换算,124更约为12 400里,上海至宁波的距离约12更,宁波到厦门约40更,厦门到吕宋约72更。然而,在更早的300—400年前的明朝,根据米尔斯(Mills)在《吴佩其(音译)海图中的马来亚》("Malaya in the Wu-Pei-Chih Charts")中的描述,一更约需中国船只航行2.4小时。和田清认为一更约60里,即20英里,10更为顺风24小时航行的距离。这些叙述需要对19世纪的实践情况加以仔细研究。米尔斯的计算当然是有事实依据的。米尔斯根据明朝时期中国帆船的航方方向计算出,近海航行一小时行2.93英里,开阔水域平均时速为6.25英里,而近现代帆船最快时速不过8.5英里。

续表

地点	与厦门的距离(更)	与广州的距离(里)
尹代吗[马来半岛开始处(存疑)]	水程140	与柬埔寨毗邻
六崑	水程150	与垛仔毗邻
垛仔	水程180	与宋腒朥毗邻
宋腒朥	水程180	—
大泥[暹罗和马来半岛的边界(存疑)]	与六崑同(150)	与六崑毗邻
丁机奴	—	达广东界9000
单呾	水程130	—
彭亨	—	与柔佛相连
柔佛	水程180	9000里达广东界
吕宋	水程72	—
莽均达老	水程150	—
爪哇	水程280	—

看一看《荷兰热带地图集》(Atlas van Tropisch Nederland)第10b页,或是其他关于这个区域的地图[1]就会知道,在从厦门至海峡的沿海贸易路线上,这些地方形成了一条港口链。以上

---

[1] 徐继畬编纂的《瀛环志略》(1848)卷1(第23b页)、卷2(第1b页,(东南亚地图),列出了这一区域几乎所有的地方。

表 3.9 中的名单是一份准确的当时记录,它以一种令人惊喜的方式得到了证实:槟城的主要奠基人,英国的弗朗西斯·莱特(Francis Light)船长在 1788 年送回家乡的一份报告,题为《威尔士亲王岛周边国家及其物产的简要说明》[1]("A Brief Account of the Several Countries surrounding Prince of Wales's Island with Their Production"),莱特船长列出的贸易地点名称如下,请注意这些名称与 30 年后中国出版的名单几乎完全一致:暹罗、港口国、尹代吗、宋腒朥、大泥、六崑、丁机奴、彭亨、柔佛……(5 个地点)……亚齐……

考虑到马来亚早期的记录中有大量的地名和贸易商埠,这两份十分相近的对应记录折射出它们反映了相同的情况,即 1818 年《嘉庆会典》列表是基于事实的记述。在其他中文作品中也可以找到材料证实。[2]

4. 这个列表最重要的一点就是它直白地将这些国家定义为"互市诸国"而不是"朝贡国"。在明代,急兰丹、彭亨、柔佛都被官方归入朝贡国。到清代它们不再是了。显然,这是对 15 世纪建立起的局面的迟缓性承认,自郑和下西洋停止后,除马六甲外的东南亚国家就终止了再赴北京的朝贡之举,尽管明朝与东南亚国家的贸易仍在继续。

在这种背景下,郑和下西洋可以被视为将中国海上贸易纳入正式的朝贡体系框架内的一种努力。按照官方传统,陆路交往的地方被视为进贡,被纳入朝贡体系,就如同自海上来的外国

---

[1] 莱特与武尔茨堡(C. E. Wurtzburg)的报告(最初收录于康沃利斯给邓达斯通信中,1789 年 1 月 7 日)收录在《皇家亚洲学会马来亚分会》(*Journal of the Malayan Branch of the Royal Asiatic Society*)第 16 册,第 1 部分,1938 年 7 月,第 123—126 页。
[2] 参见《海国闻见录》卷 1,木版,第 25b 页,1730 年序,"由暹罗而南斜仔、六坤宋脚皆为暹逻属国。大哖、吉连舟、丁噶啜、彭亨诸国沿山相续"。

第三章　论清代的朝贡体系　175

人一样。但是,通过外延朝贡体系以保持中国海洋贸易扩张的成本太过高昂,所以在1433年以后,中国就放弃了这种方式。朝贡体系在海上不再起作用,而1818年版《大清会典》的编纂者最终承认了这一事实。

5. 不难看出为什么会这样。就像整个中国一样,朝贡体系是在陆地上发展起来的,没有海洋的经验。为了与中国作为东亚文明中心的地位相一致,海洋朝贡体系被动地发挥着功用。因为四方来朝,所以中国人不必出国。在前两千年的中国历史中,朝贡体系一直以陆路边界为基础,只要王朝力量稍微强大时,这些跨越边界的贸易就能够被掌控。玉门关只是许多控制点中最引人注目的一个。在陆地边界上,似乎有充足的证据表明,传统制度以其独特的方式发挥着功用,一直持续到明朝末年,甚至更晚。1618年从已经不复存在的鲁迷王国前来的"朝贡使"可能只是一场骗局,但是他们对朝贡体系的破坏并不比他们来自"君士坦丁堡"的祖先多。

此外,穿越中亚的古代商队贸易在数量上受到必然的限制,因此他们倾向于将贸易集中在重量轻、价值高的奢侈品上。这些商品可以在首都找到最好的市场。前往大都会的商人们发现,他们很容易混入贸易团队,或伪装成贡使。即使他们被限制在边境,他们仍然可以被登记为朝贡使团的一员。类似地,来自朝鲜这样国家的贸易和贡品,通过一条固定的陆地路线到达市场和北京,这保持了一种天然的联系——尤其是当外国统治者自己垄断了贸易的时候。

6. 海上贸易有很大不同,它带来了新的监管问题。到达中国南方港口的大宗货物不可能被运到北京,只有一些象征性的或奢侈品会伴随贡使被运到北京。由于船只的使用,大宗贸易得以发展，外国商人居住在中国南方的海港，并导致了泉州和广州阿拉伯社区的形成。由此引发的对朝贡体系的调整，已经被注意到了。外国社区被隔离在自己的小区域内，由自己的负责人管辖。这种调整是成功的，并且在1500年后被应用到澳门体系和十三行制度，贸易和朝贡之间的理论联系，被一些新的海上贸易国家的朝贡时断时续地保留下来。与在北方的俄罗斯人一样，来到南方的欧洲人和他们的贸易，出于安全和利润的考虑，也被控制在边境的一定区域内。

真正的问题是中国海洋贸易的扩张，这一点我们已经提及。厦门和广州的帆船贸易不仅在首都以外进行，甚至在国境以外进行，这就无法以朝贡形式管控对外贸易。那些在中国人前往时依旧在朝贡体系之外的国家，不会再因中华文明不可抗拒的吸引力而成为朝贡国。最后，对外贸易和朝贡之间的联系一直是一种理想，但却不总是现实，像美国、瑞典和丹麦等国在广州开展繁荣的贸易时，这种理想遭到了打击，这些国家并没有向北京派遣任何可以被称为"朝贡使团"的团体。贸易，最终令朝贡黯然失色。

7. 如果在这种情况下，我们的推断是正确的，即在19世纪早期朝贡使团数量的增加促进了东亚贸易的扩大，那么朝贡制度实际上已陷入困境，它不仅被朝贡国所利用，无疑也被本国商人所利用。这种情况以前也发生过，但现在它却不合时宜地增加了中国政府的不适应性，徒留一个无用的官方神话。因为传统朝贡制度被西方使团证明了其不适应性，所以中国人当时只能用一种过时的外交政策应对西方的海上入侵，而这种外交政策只适用于陆地和遥远的过去。

以上阐释指明了贸易史和思想史两条研究路径，而最迫切需要解释的是一个世纪以前中国对西方回应的两面性：一方面，中国士大夫阶层知识层面的不适应性；另一方面，作为西方入侵教唆者（abettor）的中国商人的活动。我们建议用下面的资料开展研究。

第七节　1644—1860年间清代关于海事关系的著作精选

该选集按大致的时间排序，包括官方汇编、地方志、私人作品和文集，所有这些资料都为以下一类或全部两类研究提供了主要的文献：第一，为经济史学生从事海洋贸易路线、港口、船只、货品和贸易地点的研究提供信息；第二，为思想史学生提供关于这一时期中国思想与知识结构中涉及海洋国家及其贸易的例子。在这一时间范围内，即在西方人进入北京和长江流域定居并因此能获得一手资料之前的清朝，我们试着指出一些主要著作和其他具有典型价值的资料。我们将以下四类资料排除在外：第一，关于日本、琉球和其他陆路边疆国家的著作；第二，在华外国人的作品，主要包括西方传教士的著作；第三，名义上较早时期的文献，如《明史》《续文献通考》等[1]；第四，虽然文献源自清中前期，但较晚才被汇编的资料，如王之春编的《国朝柔远记》（1896）。毋庸置疑，如果不涉及利玛窦及其后在京服务的耶稣会士，就无法研究中国人对西方的了解。陈观胜[2]先生在洪畏莲[3]的指导下完成了一篇非常有意思的文章，研究了利

---

[1]　明朝关于与周边部落关系的著作，参见朱士嘉著：《明代四裔书目》，《禹贡》第5卷第3、4合期，1936年4月11日，第137—158页。
[2]　陈观胜著：《利玛窦对中国地理学之贡献及其影响》，《禹贡》第5卷第3、4合期，1936年4月11日，第51—72页。
[3]　洪畏莲（William Hung）：《考利玛窦的世界地图》，《禹贡》第5卷第3、4合期，1936年4月11日，第1—50页。

玛窦世界地图的影响力下降情况。在王锡祺编纂的清代地理学典籍巨著,84卷本[1]的《小方壶斋舆地丛钞》中可以找到一些耶稣会士的作品或表现出这种影响力的作品。除了一两处说明性条目,我们排除了《小方壶斋舆地丛钞》中的材料,但好在这些文献已被收录在哈佛燕京学社汉和图书馆新的汉籍分类目录之中(剑桥1938—)。[2]

从其他学者的引文判断,清代三部关于海上国家及其贸易的著作产生了较大影响。三部著作的编纂各相隔一个多世纪。第一部是1617年张燮编纂完成的《东西洋考》[3],其章节已被葛路耐翻译,并且近来被和田清研究。其他两部著作,属于我们研究关注的时段,分别是1730年编纂完成的《海国闻见录》(见下文第8种文献)和1842—1852年编纂完成的《海国图志》(见下文第32种文献)。这两部著作都值得特别关注。

在19世纪初的广州对外贸易危机之前,关于中国海上贸易的研究材料变得异常丰富。一位盲人语言学家写了一本简明的第一手资料的著作,标题简单命名为《海录》(第20种文献),于1820年完成。大学者阮元编纂的《广东通志》也大约在相同时间完成(第21种文献)。一本名为《海外纪要》的航海指南在1828年完成(第23种文献)。许地山教授利用牛津所藏的一份

---

[1] 王锡祺编:《小方壶斋舆地丛钞》,上海,1877年,序文;1897年,第二版增补序文。共84册,1438部著作,6000余页。下文引用作《小方壶斋》某帙、某册、某页。

[2] 另一部重要丛书,我们从中引用了一些著作,是张潮辑,杨复吉等续辑,沈懋德重辑:《昭代丛书》,1697年初版,1833年重辑版,1876年再次印刷。几个条目也可参见伟烈亚力(A. Wylie)著:《中国文学札记》(*Notes on Chinese Literature*),伦敦,1867年,与我们的发现时有不同。在完成这篇文章之后,我们还关注了《关于中英鸦片战争的中文著作书目》("An Annotated Bibliography of Chinese Works on the First Anglo-Chinese War"),《燕京社会学界》第3卷第1期,1940年10月,第61—103页。该著作给出了我们下文所列6个项目的进一步数据。

[3] (一部研究东西洋航路的著作)共12卷,收录于《惜阴轩丛书》第18—21册。

手稿研究了1832年以前的中西贸易中中国方面的情况(第24种文献)。19世纪30年代,先是记载了中国与东南亚海峡间帆船贸易的《厦门志》(第25种文献)完成,紧接着有很大价值的《粤海关志》(第26种文献)完成。所有这些著作都是在中英鸦片战争所催生的觉醒之前完成的,在某种意义上,这些著作应该被视为19世纪40年代魏源(第32种文献)和徐继畬(第33种文献)所编纂的著名地理作品的先驱。如果对于这些资料,也能像对更早期和更热门时段的高水平研究那样好好利用,那么学界就可以打开一扇理解近代中国经济史的大门。虽然这些材料时间较近,但其中也不乏文本上的难题和识别问题。反过来,这些地理著作也不过是研究中国政策的背景性材料,正如官员文集中所反映的那样(第29种文献)[1]。

1. 顾炎武著:《天下郡国利病书》(共120卷),1662年作者序言,1816年再版,之后的版本为1831年版、1879年版。

此书是杰出的清代学者顾炎武的重要地理著作。卷119叙述海外诸番,讨论日本、琉球和包括佛朗机在内的海外东南诸国。卷120论述海外诸国的朝贡与海上贸易(入贡互市),包括贸易线路和降及明朝甚至清初时期的对外贸易管理历史。

2. 张玉书(1642—1711)著:《外国纪》(共13页),收录于《昭代丛书》第104册和《张文贞公集》(1792年刻本)卷8,第19—29页(文本参考1675年版)。

张玉书是一位著名的学者,是《康熙字典》和《佩文韵府》的主编,也是《明史》的编纂者之一。《外国纪》不仅记载女真和蒙古各部落的进贡事宜,而且记述朝鲜、俄罗斯、暹罗、荷兰、琉球、

---

[1] 见附录3,提供了下文所列作者和著作名称的索引,大致按时间顺序排序。

安南和西洋,并附及天主教的朝贡事宜。

3. 尤侗(1618—1704)著:《外国竹枝词》(共 1 卷,29 页),收录于《昭代丛书》第 3 册。

此书以诗歌叙事,附带散文注解,记述了明朝时期所列举的国家和地方。每一个条目大约一页或者更少篇幅,排列相当杂乱。例如,欧洲接于哈密之后。这部著作除了表明这位著名的散文家对海外的了解,似乎并不太重要。

4. 陆次云著:(1)《八纮译史》(共 4 卷,2 册),作者序文为 1683 年,分别收录于《龙威秘书》第 75 册和《说库》第 44 册。

这本书依据指南针的四极,分组(通常是不正确地)记录了一百多个朝贡和贸易国家或地方。卷 2 包括了对几个欧洲国家的叙述。在一些章节中,包括了对当地语言的音译。

(2)《译史纪余》(共 4 卷),经常与上述著作一同印刷出版。

这部著作是对《八纮译史》的补充,包括了对海洋及物产的描述、中国使臣的诗词、对外国货币的解释,以及对朝鲜和伊斯兰教国家贡使所持国书译文的抄录。

5. 陆应旸著,蔡方炳增订:《广舆记》(共 24 卷,7 册),蔡方炳序文为 1686 年,1707 年刻本。

这本书对各省进行了系统的调查,在卷 24 中记述了传统的明代朝贡国,但似乎对于清代时期的内容没有增加。

6. 蓝鼎元(1680—1733)著:《论南洋事宜书》,收录于《鹿洲初集》卷 3,第 1—6 页,首次出版于 1732 年,再版于 1880 年,也收录于朱克敬《柔远新书》卷 3,第 14—17 页和《小方壶斋》第 54 册。1724 年被编者收录。

这份奏疏是著名学者蓝鼎元敦促朝廷废除海上贸易禁令的简要说明。他认为与南洋的贸易有利于中国,他嘲笑同时代人的荒谬与无知,并对外国进行了简要的调查。

7.《钦定古今图书集成》(共 10 000 卷),1725 年进呈皇帝。

这部伟大的著作是清代的一部百科全书,在论述边疆"蛮夷"的地理部分,收录有《方舆汇编·边裔典》,特别是卷 83—106 包括论述南方和西方诸地的材料。其中,卷 85,第 97—101、103—106 页包括了明代的朝贡国,陆路的和海路的混合在一起。卷 87 "未详"条目下包括了西班牙、美洲和其他地方,如大马士革,而卷 108 中罗列的未详国家有意达里亚国、西西里、墨西哥和班贾尔马辛,所有这些都向人们提出了有关利玛窦的影响的问题。

8.陈伦炯著:《海国闻见录》(1 卷,地图 1 卷),作者序文为 1730 年,其他序文为 1743 年、1744 年,木刻本为 1793 年。收录于《艺海珠尘》第 10 册和《昭代丛书》第 55 册。

这部著作对海洋国家进行了著名且系统的论述。作者的父亲在清朝统一台湾后,有过下南洋寻找郑氏余部的经历,并在 1718 年成为广州驻防副都统。作者自己也在 1721 年以后成为台湾总兵,曾东游日本,增长了见闻。这本书的旧式地图很有价值,直到 19 世纪,此书一直是一部标准之作。

9.印光任、张汝霖著:《澳门纪略》(共 2 卷),1751 年序文,重印于 1800 年。

两位作者是前后两任澳门地区的官员。卷 2 内,他们首先用 15 页的篇幅描述了来自东南部的海上贸易国家,包括葡萄牙人与荷兰人的竞争情况,然后重点介绍了在澳门的葡萄牙人,细致介绍了其生活方式,最后以对西洋纪年和语言的介绍作为结尾。

10.《皇清职贡图》(共 9 卷),1751 年董诰等官员奉敕编纂,完成于1760年,宫版刻本于1761年。

《皇清职贡图》包括了大约300个土著或边境部落及国家的插图,附有文字说明。卷1提及了一些欧洲国家,见第145页注释[1]。

11. 蒋廷锡等奉敕编纂:《大清一统志》,1744年御制序文,1764年稍有修订,再版于1849年。

卷353—356最后部分记述了朝贡国家。见附录2。

12.《台湾府志》(共26卷),初版编纂于1694年,修订于1741年、1774年。哈佛大学现藏版本为基于1872年版的1888年再版刻本。

卷19,第37—49页论述外岛,提及了琉球、日本、噶喇吧、西洋、荷兰、暹罗等国,以及航海线路与贸易规定。

13.《皇朝通典》(共100卷),奉敕编纂于1767年,包含1644—1785年间的历史。

卷97—99内容为边防部分,先概述朝贡国的总体情况及日本和琉球情况,然后分别述及南方的海上国家、西方的海上国家等。一些需要辨识的国家也被记载(例如整欠、景海、葫芦等,卷98,第18b—20b页)。

14.《皇朝文献通考》,奉敕编纂于1747年,1786年或1787年编纂完成,其中包含了截至1785年的材料,浙江书局,1882年版。

卷293—300为四裔考。

15. 王大海著:《海岛逸志》(共6卷),1791年出版,收录于《小方壶斋》第54册,帙10,第479—489页。

《海岛逸志》描述了南洋的诸多岛屿、中国移民和物产等内容。作者曾航行到达过一些他记述的岛屿。

16.《福建通志政事略》(共 15 卷,17 册),有虫蚀,一些边缘部分被修正。文本提及此书著于 1794 年。

卷 14 叙述了自宋代以来对外贸易的规定和所涉及国家的简要说明。卷 15 由 8 页关于对外贸易的记录组成,提及了琉球、苏禄和荷兰,这些国家均经由福州朝贡。

17. 洪亮吉(1746—1809)著:《乾隆府厅州县图志》(共 50 卷),完成于 1803 年。

这是一部私人汇编,类似于《大清一统志》,只是更加浓缩。最后一卷按位置分类,记述了朝贡与贸易的国家。作者是一位知名的历史学家。见附录 2。

18. 叶羌镛著:《吕宋纪略》(共 3 页半),收录于《小方壶斋》第 76 册,帙 10,卷 8,倒数第 5 个条目。

文章论述了吕宋的风俗、物产、语言和商业。文章中的一个时间提示成书年代为 1812 年。

19.《嘉庆重修一统志》(共 560 卷),此版本是在乾隆年间的《大清一统志》基础上修订而成,使用的材料年代延伸至 1820 年。上海商务印书馆于 1934 年出版宫廷手稿影印版。

最后几卷叙述了从朝鲜到法国的 43 个海外国家,涉及了他们的地理位置、历史、物产及与中国的关系。

20. 谢清高(1765—1821)著:《海录》(共 2 卷)。

(1)木刻本,来自嘉应的杨炳南(字秋衡)为之作序,文中描述了他如何在 1820 年从谢清高那里获得信息。谢清高曾在海外游历 14 年,学习了南洋国家的语言和风俗,后来失明,在澳门落脚成为翻译,这是一份难得的一手资料。[伟烈亚力(《中国文学札记》,第 53 页)曾提及谢的姓名,并给出《海录》出版时间是 1842 年。]

（2）哈佛燕京学社汉和图书馆内藏有另一版本,由吕调阳修订、注释,吕的序文时间为 1870 年,只提及了作者是谢清高,没有提及杨炳南。这一版本明显更为人所知,例如张维华著作(《明史佛朗机吕宋和兰意大里亚四传注释》)第 109 页曾提及。这个版本与前者的不同之处在于有西式地图和大量注释,大部分是从原版浓缩而来。

这部著作的优点在于,它是 19 世纪初期描述中国南方贸易的第一手材料,值得广泛关注。著作提供了 60 多个国家或地区的航行方向和简要叙述,从马来半岛到印度海岸,穿过东印度群岛,包括对欧洲的提及。这个版本的质量肉眼可见,例如,杨炳南说日本被省略是因为叙述者谢清高没有到过那里。还有一部冯承钧校注的《海录注》版本。冯教授对于这部著作的论述参见《禹贡》第 6 卷第 8、9 合期,第 113—114 页。

21.《广东通志》,伟烈亚力(《中国文学札记》,第 36 页)提及初版时间为 1683 年。

（1）雍正版(共 64 卷),序文日期为 1731 年。

卷 58 论述了外藩,对被明朝官方承认的 31 个国家给出了历史考察,并附有评论。

（2）阮元版(共 334 卷),编于 1818 年,阮元既是主编,又是两广总督,出版于 1822 年,再印于 1864 年,刻板 1857 年烧毁。

卷 170(第 36—42 页)列举了暹罗、荷兰、西洋、英格兰等国。作为朝贡国,这部分内容基于档册。卷 180 对海洋贸易和海关管理进行了历史性总结。卷 330(第 32—62 页)讨论了大约 90 个海上国家或地方,包括欧洲,既有标准记述,也有当地记录。例如,第 61b 页简单记载了吡唎嘧［英国(存疑)］在 1752 年曾"进口"。(毫无疑问,这部著作的部分内容和《粤海关志》

来自同一资料。)卷100(第52页)有一篇关于澳门的文章。主编以很高的学术水平及详尽的细节描述,让这部著作变得重要。

22. 贺长龄编:《皇朝经世文编》(共120卷),编者序言为1826年。

卷83,第37—39页包括了蓝鼎元的《论南洋事宜书》(见上文第6种文献),该编著还包括论述海防、台湾、打击海盗等内容。这些文章具有价值,因为它们反映出当时士大夫的思想认知。不幸的是,作为一个增补版本,由葛士濬编纂,于1888年出版的《皇朝经世文续编》包含的主要材料都是1860年之后的。

23. 李增阶著:《海外纪要》(共7卷),题跋为1828年,收录于陈坤编著的《从政绪余录》中,1881年作序文,见《如不及斋丛钞》第19—22册。

这部著作是给船长的信息与建议手册,分为23个部分,分别记述避风港(列出了23处)、船只装备、驾驶员选择、海战;帆船从广州沿岸到上海,从厦门到台湾和菲律宾,从厦门到东南亚海峡及其他地方的行程和所需时间(例如,厦门到巨港需要12—13天),以及用于导航、计算潮汐等工作用的大量表格。仔细研究这部著作应该会得出关于19世纪初期中国海上帆船贸易的宝贵结论。

24. 许地山编:《达衷集》(共237页),商务印书馆,1931年。

这部著述是许教授从牛津大学博德利图书馆发现的珍贵档案的汇编:(1)记载1832年东印度公司的船只阿美士德爵士号在胡夏米(H. H. Lindsay)的率领下,到中国沿海考察市场的情况(包括了他们向当地政府的请求书信和来自地方官的公告与答复);(2)收录中国官方、公行商人和英国人在广州的通信集,时间可以追溯至18世纪末、19世纪初。这一材料对马士博士在著作《东印度公司对华贸易编年史》(Chronicles of the East India Company)中总结的中国方面的通信的阐释,具有极为重要的价值。

25. 周凯等编纂:《厦门志》(共 16 卷),完成于 1832 年,最后的序文为 1839 年。

卷 5 含有关于航行的有趣细节,包括了开展远洋贸易的中国船只洋船(第 27 页)和各种类型的外国船只(第 31—35 页)。卷 6—7 叙述了台湾进口与海关管理的内容,而卷 8 系统讨论了 31 个开展海洋贸易的国家及其地理位置、港口和物产等内容。很显然,这部分记述是基于原始数据,而其他内容是根据像《东西洋考》和《海国闻见录》等著作整理而成。厦门是南方的主要贸易港口,利用这一材料会得到异常宝贵的结论。

26. 梁廷枏著:《粤海关志》(共 30 卷),1839 年。卷 1—4、21—25、26—30(第 1、7、8 册),1935 年于北平重印,收录于《国学文库》。

在迄今为止出版的罕见的 3 册中,第 7、8 册涉及朝贡贸易和在广州的外国商人。卷 21—24 特别描述了与暹罗、琉球和欧洲国家的朝贡关系,以及与 24 个海洋国家的贸易关系,其中包括美洲和一些不知名的地点,标注有"进口"字样。这是一部基于档案基础的有价值的一手资料。

27. 林则徐译:《华事夷言》(共 1 卷,3 页),收录于《小方壶斋》第 77 册,帙 11,卷 9,条目 3。

很明显,这大概是 1839 年钦差大臣林则徐在广州的翻译团队所进行工作的一个小片段(参见陈其田著:《林则徐》,北平,1934 年,第 7—10 页)。其诸多内容里包括十三行、公行商人、翻译、俄罗斯、中国人口、鸦片、货币等内容。西方的原文应该不难找到,也许就在《中国丛报》(The Chinese Repository)之中。

28. 何大庚著:《英夷说》,载《小方壶斋》第 77 册,帙 11,卷 9,条目 4。紧接着林则徐的《华事夷言》,用 5 行阐述了英国在马来亚扩张的危险。文本提及新加坡,出版时间应在 1819 年后。

29. 张树声著:《洋务丛钞》,1884 年出版。包含 11 篇军事和外交事务的作品,主要是 1860 年以后之事,但也包含了林则徐对俄罗斯和姚莹(1785—1853)对英俄关系论述的文章。姚莹的著述(《中复堂全集》,1867 年出版)中的一篇作品,反映了他于 1838—1843 年间在台湾为官的经验和对外交政策的观点(第 5—9 册,《东溟文后集》,14 卷)。这当然只是众多的类似文集之一。

30. 王庆云(1798—1862)著:《石渠余纪》,又名《熙朝纪政》(共 6 卷,6 册),未注明成书日期,1890 年木刻版本。

这部著作是由王庆云,一位曾任兵部尚书的官员,对行政各方面内容所做的有益说明。卷 6 包含了海上贸易(市舶)的材料,以及关于马嘎尔尼使团和阿美士德使团的谕旨。

31.《福建通志》(共 278 卷),初版编于 1737 年,修订过数次,特别是 1835 年(序文时间)那次。1871 年进行了更进一步的修订(使用的材料时间至 1842 年)。

卷 269 讨论了通过福州朝贡的外夷——琉球、荷兰、苏禄,以及日本。卷 270 通过引用从宋代至 1842 年间的谕旨等内容,梳理了海上贸易的官方规定,续以对外贸易国家的名单(第 18—19 页)。

32. 魏源著:《海国图志》(共 100 卷)。在 1876 年版的序文中记述这部著作完成于 1842 年,共 60 卷,其他 40 卷完成于

1852年,合为100卷。《海国图志》100卷本重印于1876年(哈佛大学藏有1852年和1876年两个版本,各100卷)。陈其田指出有3个版本,即1844年的50卷本,1847年的60卷本和1852年的100卷本(《林则徐》,第28页),对于之后版本的变化,以及林则徐作为部分内容作者的可能联系,也给出了宝贵的评价。

《海国图志》是一部有里程碑意义的历史巨著,它叙述了来自海外国家及四夷的威胁,编纂时正值中英鸦片战争。[伟烈亚力(《中国文学札记》,第53页)认为作者有失公正。]卷5—18记述了东南亚各国,然后是印度。卷37—58记述了欧洲。卷71开始描述西方宗教、历法、习俗、军备、天文等情况。这部著作产生了广泛的影响。

魏源其他著作还有《圣武记》(共14卷),初版序言时间为1842年,第3版和修订版为1846年,收录于中华书局版《四部备要》之中。

《圣武记》是一部著名的记叙清代军事战争的著作,内容包括了清朝与蒙古、新疆、西藏、尼泊尔,以及抵抗俄罗斯、朝鲜、缅甸、安南和东南其他部落等的军事行动,并且涉及台湾和剿灭海盗的叙述,还有19世纪初期对人民起义采取的相关军事行动等,只有一小部分叙述海上关系。有一个有价值的补充章节,是关于军事结构和历史的叙述。庄延龄(E. H. Parker)有一部对其部分内容的翻译作品,名为《关于鸦片战争的汉文记载:魏源〈圣武记〉卷十〈道光洋艘征抚记〉译文》(*Chinese Account of the Opium War*,上海,1888年)。陈其田(《林则徐》,第28页)指出对这场战争的记录在该书的几个版本中都被省略了。

《小方壶斋》还收录了魏源的一些简单的作品,如《英吉利小记》,仅一页半纸(第77册,帙11,卷9,条目8)。《英吉利小记》简要地触及了财政、禁烟、宗教、习俗、传统服饰等内容。

33. 徐继畬著:《瀛环志略》(共 10 卷),扉页和序言时间为1848 年。另外一个版本稍有修订,时间为 1873 年,包括了 1849年的序言。

这是一部关于世界地理的著作,徐继畬是中外关系的专家,与福建省内条约口岸的开埠有直接联系,在 1847 年升为福建巡抚(参见《筹办夷务始末》道光朝)。还有其他高级官员也在著作上署名,这些图版保存在巡抚衙门内(本署藏版),这些作品具有重要价值,是对经历了西方入侵,签订第一批不平等条约后,得到任命的中国官员们具有的认知水准的无价反映。卷1—3 关注亚洲,卷 4—7 关注欧洲,卷 8—10 关注非洲和美洲。徐继畬(《瀛环志略》,凡例)向读者坦承"外国地名最难辨识,十人译之而十异"。徐继畬对一百余年前的《海国闻见录》和西方地图的使用都十分小心,并注意到二者翻译上的许多差异。他的文字有句读,标有地名和引用的材料来源。

《小方壶斋》包含了徐继畬所著几篇简要的文章。例如,(1)《五印度论》第 54 册,帙 10,第 413 页,简明论述了在印度的英国人。(2)《地球志略》(仅 2 页),第 1 册,帙 1,第 7—8 页。主要论述地理知识,内容涉及极地、赤道、大洲等内容。提到两年前由法国、英国、西班牙和美国所进行的南极探险,这显然是指迪维尔(D'Urville)1837—1840 年、威尔克斯(Wilkes)1839—1840 年和罗斯(Ross)1841—1843 年的几次南极探险活动。发生时间在徐继畬写作《瀛环志略》(1848)前不久。

34. 夏燮(江上蹇叟)著:《中西纪事》(共 24 卷,8 册),第一篇序文时间为 1851 年(道光三十年),第二篇修订版序文日期为 1859 年,最后的序文是 1865 年。额外的扉页上标注日期为

1868年10月。

这是一份对从近代以来至19世纪60年代(在后来的版本中)中国与西方关系的重要调查,著作显然很好地根据档案、当时的材料,甚至一些西方书籍完成,章节按时代划分,集中在后条约时代。

下面的著作可能很有价值,但我们还无法检验。王蕴香编:《海外番夷录》(共4册),1844年京都漱六轩木刻版。

这本著作包含汪文泰所著《红毛番英吉利考略》一文,伟烈亚力(《中国文学札记》,第53页)认为该书出版于1841年。

第八节 六个版本《会典》中的朝贡名单索引

我们将上文提及的众多地名集中在此部分,以减少对正文部分的影响,并为大家提供一份最简略的在清朝经济关系中具有重要作用的地方名单,也会指出一些仍然需要进一步识别的地方。明朝有一些条目晦涩不清的,也可能不太重要,而其他地方已被几代学者辨识和详细地讨论过了。当然在清代的文献中,明朝的名称经常性地被保留下来,例如上一节所提及的那些,同时也有新的记录形式。我们非常希望专家们能够关注1860年之前的近代文本中所涵盖的地名。毫无疑问,许多我们无法辨识的名称,可以由更精通这一领域的专家来给予解释。

说明:这个名单包括了在下列材料中列出的所有派遣朝贡使团的地方:《万历会典》卷105,第80页至卷107,第88b页(礼部六十三至六十五);《康熙会典》卷72,第4—19b页;《雍正会典》卷104,第4—38b页;《乾隆会典》卷56,第1页;《嘉庆会典》卷31,第2—4页;《光绪会典》卷39,第2—3页。列表中增

第三章　论清代的朝贡体系

加了一些新条目。名单中几乎所有的朝贡使团在材料中均列为"国"。除非出现在上述材料中，否则我们只会注明变化，但不编入索引。当交叉引用会形成一个新的相近项时，交叉文献会被限制。请注意，在这个名单中，蒙古部落和其他由清代理藩院管辖的地方，以及一些《万历会典》中的西藏寺院被省略。

＊＊，表明在一部或多部《大清会典》中作为朝贡记录。
＊，表明在1818年版《大清会典》中记载为存在商业关系。[1]

词条内容顺序：地名、地点、《会典》出处、说明。

A

ACHIN(Acheen, Acheh, Atjeh)：Ya-chi 亚齐。苏门答腊岛的北端。《万历会典》卷106，第84b页；《嘉庆会典》卷31，第3b页。

葛路耐提出 Atjeh（第92页），被欧洲人误写作 Achin 或 Acheen。根据《明史》的记述，《清通考》卷297（第17b页）载这是万历时期苏门答腊的旧称。但是后者现在被伯希和（3）（第214页）与米尔斯（第11页）称为"苏门答腊港，靠近苏门答腊北部海岸的八昔（Pasai）；这个港口也是前往尼古巴岛和锡兰山的始发点。"参见下文 Lambri 条目，也见 Samudra。

ADEN：A-tan 阿丹。阿拉伯。《万历会典》卷106，第84b页。

参见柔克义(1)，第76页。（编者注：本章第八节作者著作信息参见附录1，下同。）

AFGHANISTAN：Ai-wu-han 爱乌罕。现在的阿富汗。《光绪会

---

[1] 译者按：原文此处还有其他内容，即 B, 即 Brunnert（布鲁纳特，见附录1）；H, 即 Hermann（赫尔曼）；P, 即 Playfair（白挨底）。Ctry., 即 country（国家）；Tn., 即 Town（城镇）；Tr., 即 Tribe（部落）。其中，赫尔曼指阿尔伯特·赫尔曼（Albet Hermann）。

典》卷 68,第 8 页。

ALANI（Aas,Aorsi）:A-su 阿速。部落,在高加索地区。《万历会典》卷 107,第 87b 页。

参见薄乃德第 2 册,第 84—90 页;赫尔曼,50D2。

ALMALIK(存疑):An-li-ma 俺力麻。城镇,在新疆北部地区。《万历会典》卷 107,第 87b 页。

参见薄乃德第 2 册,第 33—39 页;冯承钧(2),第 2 页,A-li-ma-li 阿力麻里。

A-LU KUO,见 Aru。

ANDIJAN（Andedjan）: An-chi-yen 安集延。拔汗那国(Ferghana)。《清通考》卷 299,第 7b 页。

参见冯承钧(2),第 2 页;赫尔曼,17 II C1/2。

ANDKHUI（Andkhoi）:An-tu-huai 俺都淮。城镇,巴尔克西部地区,布哈拉。《万历会典》卷 107,第 88b 页。

参见薄乃德第 2 册,第 275 页;白挨底,第 119 页。

AN-LI-MA,见 Almalik。

AN-CHI-YEN,见 Andijan。

****ANNAM**(Yüeh-nan):An-nan 安南。国家。《万历会典》卷 105,第 81b 页;《康熙会典》卷 72,第 14 页;《雍正会典》卷 104,第 24 页;《乾隆会典》卷 56,第 1 页;《嘉庆会典》卷 31,第 2a 页;《光绪会典》卷 39,第 2a 页。1803 年,安南正式改称越南。

AN-TING 安定。在甘肃地区。《万历会典》卷 107,第 87 页。

参见岑仲勉,第 166 页,今哈喇沙尔(Halashar);薄乃德第 2 册,第 205—208 页。

AN-TU-HUAI,见 Andkhui。

ARABIA:①T'ien-fang 天方。《万历会典》卷 107,第 88a 页。

戴闻达(1),第 9 页,Mecca;赫尔曼,54D3,Arabia;伯希和(2),第 296 页,Arabie,La Mecque。

(存疑)② Hsia-la-bi,夏剌比。《万历会典》卷 106,第 84b 页。

丁谦,第 28 页,同样认为是阿拉伯。

ARU:A-lu 阿鲁,也作亚鲁。国家,苏门答腊东北海岸。《万历会典》卷 106,第 84 页。

赫尔曼,54F4;参见柔克义(1),第 75 页。

A-SU,见 Alani。

A-TAN,见 Aden。

A-TUAN,见 Khotan(存疑)。

A-WA,见 Burma。

B

BADAKSHAN(Badakashan):①Pa-ta-hei-shang 八答黑商。国家和城镇。中亚喀布尔北部地区。《万历会典》卷 107,第 88b 页。

薄乃德第 2 册,第 276—278 页;冯承钧(2),第 4 页。

②Pa-tan-sha 把丹沙。《万历会典》卷 107,第 87b 页。

薄乃德第 2 册,第 272 页。

BALKH:Pa-li-hei 把力黑。城镇,中亚南部地区。《万历会典》卷 107,第 87b 页。

薄乃德,第 100 页;冯承钧(2),第 4 页。

BANJERMASSIN:Ma-ch'ên 马辰。婆罗洲南岸。《清通考》卷 293,第 1b 页。

参见徐继畬卷 2,第 2 页(地图):Ma-shên 马神;《皇清职贡图》卷 1,第 55 页,同东南海的文郎马神——一种抄写错误的记录是文郎马神。

BARAWA：Pu-la-wa 不剌哇。城镇,非洲摩加迪沙南部。《万历会典》卷106,第84b页。

赫尔曼,54D4；冯承钧(2),第6页。

BASHIBALIK：Pieh-shih-pa-li 别失八里。城镇,古乌鲁木齐(Ti-hwa,迪化)旧称,新疆；古东察合台汗国。《万历会典》卷107,第87b页。

薄乃德第2册,第225—244页。

BENGAL：① Pang-ko-la 榜葛剌。国家。《万历会典》卷106,第84页。

柔克义(1),第436页。冯承钧(1),第12页。

② P'êng-chia-na 彭加那。《万历会典》卷106,第84b页。

柔克义(1),第68、435页,Pêng-chia-la 彭加剌。冯承钧(2),第5页。

BILLITON：Ma-yeh-wêng 麻叶甕。苏门答腊岛以东的岛屿。乾隆《清通志》卷356,第36页。

吴晗,第174页；冯承钧(1),第15页。

BOLOR：Po-lo-êrh 博罗尔。城镇和国家,八答黑商以东,在兴都库什。洪亮吉卷50,第18b页。

冯承钧(2),第6页,作"洛"。

BORNEO：So-lo 娑罗,可能是 P'o-lo 婆罗的抄写错误,婆罗洲(但"婆罗"没有出现在《会典》文本中)。《万历会典》卷107,第84页,"1406年,东王和西王各遣使入贡于朝"。

葛路耐,第101页。

BRUNEI(Bornui)：① P'o-ni 浡泥(宋元时期称谓)。国家,婆罗洲西北。《万历会典》卷105,第22b页。

柔克义(1),第 66 页。也作渤泥。

② Wên-lai 文莱(明朝时期称谓)。

吴晗,第 137 页;《皇清职贡图》卷 1,第 57 页,其中错误地把文莱和婆罗等同起来,张燮和《明史》也持此种观点;和田清,第 127—128 页,认为浡泥根据记录来自西洋贸易路线,而文莱(或婆罗)则在东洋贸易路线。

BUKHARA(存疑):Pu-ha-la 卜哈剌。《万历会典》卷 107,第 87b 页。

冯承钧(2),第 6 页提及其名源自《元史》中的卜哈儿和不花剌。

** **BURMA**:① A-wa 阿哇。国家。《万历会典》卷 106,第 84b 页。

②A-wa 阿瓦。《光绪会典》卷 39,第 2b 页,同缅甸。

③Mien-tien 缅甸。《乾隆会典》卷 56,第 1 页;《嘉庆会典》卷 31,第 3 页;《光绪会典》卷 39,第 2b 页。

BURUT(Black Kirghiz, Kara-Kirghiz):Pu-lu-t'ê 布鲁特。中亚北部地区。洪亮吉卷 50,第 17 页。

梅辉立,第 532 页;赫尔曼,66CD2/3;《清通考》卷 299,第 3、5 页,准噶尔部西南方,分东、西两部。

C

CAIL:Chia-i-lê 加异勒。印度南部,与锡兰山相对。《万历会典》卷 106,第 84b 页。

戴闻达(2),第 386 页。

CALICUT:Ku-li 古里。国家,位于印度西南沿海地区。《万历会典》卷 106,第 83b 页。

葛路耐,第 44 页;赫尔曼,54E4,作 Ku-li-fo。

* **CAMBODIA**：① Chên-la 真腊。《万历会典》卷 105，第 81b 页。

②Chien-pu-chai(sai)柬埔寨。《嘉庆会典》卷 31，第 3 页。

③Tung-pu-chai 东埔寨。为柬埔寨误写。例如《清通考》卷 293，第 1 页。这一改变已被伯希和讨论过了。参见《柬埔寨风俗回忆录》("Memoires sur les coutumes de Cambodge")，《法国远东学院院刊》(BEFEO)第 2 期，第 127 页。

CANANORE（Jurfattan）：Sha-li-wa-ni 沙里湾泥。印度东南沿海地区，古里北部。《万历会典》卷 106，第 84b 页。

冯承钧(1)，第 12、16 页；吴晗，第 168 页，作 Jurfattan；吴晗，第 174 页，作 Sha-li-pa-tan 沙里八丹 Jarfattan，今坎努尔港；伯希和(2)，第 287 页，作 Jurfattan(存疑)。

CEYLON：Hsi-lan-shan 锡(细)兰山。《万历会典》卷 106，第 84 页。

赫尔曼，第 927—928 页。

CHALISH：Ch'a-li-shih 察力失。城镇，靠近亦力把力，新疆地区。《万历会典》卷 107，第 87b 页。

赫尔曼，55F2。

CHAMPA：Chan-ch'êng 占城(或作 Chan-pu-lao 占不劳，Chan-po 占波，Chan-la 占腊)。《万历会典》卷 105，第 82 页。

伯希和(3)，第 216 页，中文名称应为"佔"。

CHAO-HSIEN，见 Korea。

CHAO-NA-P'U-ERH，见 Jaunpur。

CHAO-WA，见 Java。

CHÊNG-CH'IEN 整欠(存疑)。洪亮吉卷 59，第 9 页。《清通典》卷 98，第 18b 页，1775 年朝贡，位于云南普洱府外 1000 里。

CHÊN-LA,见 Cambodia。

CHIA-I-LÊ,见 Cail。

* **CHIANG-K'OU**,见 Siam。

CHIEN-CHOU 建州。东北地区。《万历会典》卷 107,第 86b 页。

赫尔曼,55H2;林同济(2),第 867 页,女真的一个中心。

CH'IEN-LI-TA 千里达。《万历会典》卷 106,第 84b 页。

参见柔克义(1),第 67 页,千里马。无法确定;可能靠近马尔代夫岛北部。

CHIEN-PU-CHAI,见 Cambodia。

CH'IH-CHIN-MÊNG-KU,赤斤蒙古。甘肃卫所,玉门县。《万历会典》卷 107,第 87b 页。

薄乃德第 2 册,第 211—215 页。白挨底,第 995 页。

* **CH'IH-TZǓ**,见 Jaya。

CH'I-LA-NI,奇刺尼。无法确定。《万历会典》卷 106,第 84b 页。

CHI-LAN-TAN,见 Kelantan。

CHING-HAI,景海(存疑)。洪亮吉卷 50,第 9b 页。《清通典》卷 98,第 19 页,1775 年与整欠一同入贡。

CHIU-CHIANG,见 Palembang。

CHOLA:① So-li 琐里。国家,印度洋东南海岸科罗曼德(Coromandel)。《万历会典》卷 105,第 83 页。

伯希和(1),第 328—329 页,与②同。

②Hsi-yang so-li 西洋琐里。《万历会典》卷 105,第 83 页。一个靠近琐里海岸的国家。

葛路耐,第 44 页,提及西洋琐里;张维华,第 175—176 页,显示了这两个名称实指同一个地方。

CH'Ü-HSIEN 曲先。在甘肃地区。《万历会典》卷107,第87b页。

赫尔曼,55F3;薄乃德第2册,第210页。

COCHIN：K'o（Ko）-chih 柯枝。国家,印度洋西南马拉巴尔海岸。《万历会典》卷106,第84b页。

COIMBATORE,见 Coyampadi。

COYAMPADI（Coimbatore）：① K'an-pa-i-t'i 坎巴夷替。印度东南,柯枝北部。《万历会典》卷106,第84b页。

冯承钧(1),第42页。

②Kan-pa-li 甘把（巴）里。

戴闻达(2),第386页,提及"Coyampadi（存疑）";伯希和(2),第290、296页,"Koyampadi（Coimbatore）";冯承钧(1),第11页。

D

* **DENMARK**：Lien-kuo 嗹国。《嘉庆会典》卷31,第4页。

DJOFAR（Dufar, Zufar）：Tsu-fa-êrh 祖法儿。阿拉伯南部,或作左法儿。《万历会典》卷106,第84b页。

柔克义(1),第611页。

E

Ê-CHI-CHIEH 额即乩。无法确定。《万历会典》卷107,第88b页。

** **ENGLAND**：Ying-chi-li 英吉利。《嘉庆会典》卷31,第3页。

Ê-LO-SSǓ,见 Russia。

EUROPE,没有正式列入,见西洋。

第三章 论清代的朝贡体系

F

FA-LAN-HSI（France），见 Portugal。

* **FRANCE**：Fa-lan-hsi 法兰西,与葡萄牙(Portugal)弄混。

FU-LIN,见 Syria。

FU-LO-CHÜ 芙洛居,可能是 Mei-lo-chü 的误写。见 Molucca。

FU-YÜ,见 To-yen。

H

HA-HSIN,哈辛。无法确定。《万历会典》卷107,第88b 页。

丁谦卷2,第30页。古波斯西部。

HA-LIEH,见 Herat。

HA-LIEH-ERH 哈烈儿。无法确定。《万历会典》卷107,第87b 页。

丁谦卷2,第28b 页。与 Ha-lieh(Herat)相同。

HAMI：Ha-mi 哈密。城镇,新疆地区。《万历会典》卷107,第87页。

白挨底,第1907页。

HA-SAN 哈三。无法确定。《万历会典》卷107,第87b 页。

丁谦卷2,第28b 页。

HAN-TUNG 罕东。甘肃地区(敦煌县)。《万历会典》卷107,第87b 页。

白挨底,第1980页;薄乃德第2册,第218页。

HA-SHIH-HA-ERH,见 Kashgar。

HA-TI-LAN 哈的兰(存疑)。《万历会典》卷107,第87b 页。

薄乃德第2册,第315页,可能是 Khotelan。

HEI-KA-TA 黑葛达。无法确定。《万历会典》卷106,第84b 页。

HEI-LOU，见 Khorassan。

HERAT：Ha-lieh 哈烈。城镇，阿富汗地区。《万历会典》卷 106，第 87b 页。

白挨底，第 1906 页；薄乃德第 2 册，第 278—290 页；冯承钧（2），第 13 页。

** **HOLLAND**：Ho-lan 荷兰。《康熙会典》卷 72，第 12a 页；《雍正会典》卷 104，第 22 页；《乾隆会典》卷 31，第 3 页。

广为人知的称谓是"红毛夷"。Hung-mao fan 红毛蕃一词同样也被用于英国人。参见张维华，第 107—108 页；明代也写作"和兰"，参见戴闻达(3)，第 30 页，第 4 行。

HO-MAO-LI 或 **HO-MAO-WU**，见 Marinduque。

HORMUZ（Ormuz）：Hu-lu-mo-ssǔ 忽鲁谟斯或 Hu-lu-mu-ssǔ 忽鲁母思。波斯湾。《万历会典》卷 106，第 84b 页。

葛路耐，第 44 页。

HSIA-LA-PI，见 Arabia（存疑）。

HSIAO-KO-LAN，见 Quilon。

HSIEN-LO，见 Siam。

HSI-LAN-SHAN，见 Ceylon。

HSI-PAN-YA，见 Spain。

HSI-PU-LU-T'Ê，见 Burut。

HSI-YANG，见 Western Ocean。

HSI-YANG SO-LI，见 Chola。

HSÜ-WÊN-TA-NA，见 Samudra。

HU-LU：胡卢或葫芦。洪亮吉卷 50，第 8b 页。

"葫芦国"（存疑）参见柔克义(1)，第 91 页，占城条目下；《清通典》卷 98，第 20b 页，1746 年入贡，位于云南永昌府外

18 程。

HU-LU-MO-SSǓ，见 Hormuz。

HUNG-MAO FAN，见 Holland。

HUO-CHAN，见 Khodjend。

HUO-CHOU，见 Karakhodjo。

HUO-T'AN，见 Khodjend。

I

ILIBALIK：I-li-pa-li 亦力把力。新疆地区，靠近固尔扎（Kuldja）。《万历会典》卷 107，第 87b 页。

赫尔曼，55F2；薄乃德第 2 册，第 225 页，"Bashibalik"是后来的名字。

ISFAHAN（Ispahan）：I-ssǔ-fu-han 亦思弗罕。城镇，波斯。《万历会典》卷 107，第 88b 页。

** **I-TA-LI-YA**，见 Portugal。

J

* **JAPAN**：Jih-pên 日本或 Wo-nu 倭奴。《万历会典》卷 105，第 80b 页；《嘉庆会典》卷 31，第 3 页。

JAUNPUR：Chao-na-p'u-êrh 沼纳扑儿。印度中部，靠近贝拿勒斯。《万历会典》卷 106，第 84b 页。

冯承钧(1)，第 17—18 页。与古 Fo-kuo 佛国相同。

* **JAVA**：① Shê-p'o 阇婆。蒙古时代之前的汉文转译。

②Chao-wa 爪哇。蒙古时代之后的转译。葛路耐，第 45 页。《万历会典》卷 105，第 82 页。

柔克义(1)，第 66 页，Majapahit。

③Ka-la-pa 噶喇吧或葛剌。《嘉庆会典》卷 31，第 3b 页。

王国维，第 54 页；张维华，第 110 页，旧中文名为巴达维亚，此后以爪哇称之。

　***JAYA**（Chaya，Jaiya）：Ch'ih-tzǔ 垿仔。暹罗西部。《嘉庆会典》卷 31，第 3b 页。《海国闻见录》卷 1，第 25b 页，给出 Hiseh（hsia）-tzǔ 斜仔，施古德（第 298 页）译为 Chaya。莱特船长在尹代吗国和宋腒膀之间列出"Chia——暹罗西部省份——盛产棉花、染料、燕窝、咸鱼、干虾——生产丝织品和棉衣——1787 年被缅甸所灭"。

　［武尔茨堡著：《威尔士亲王岛周边国家及其物产的简要说明》，《皇家亚洲学会马来亚分会》卷 16，第 1 部分，1938 年 7 月，第 123—126 页；林尼汉（W. Linehan）在《彭亨历史》(*A History of Pahang*，1936 年 6 月）第 9 页，提及 Jaiya 或 Chaiya 靠近六崑。］

JIH-LO-HSIA-CHIH 日罗夏治。无法确定。《万历会典》卷 106，第 84b 页。

JIH-LO 日落。无法确定。《万历会典》卷 107，第 88b 页。

　薄乃德第 2 册，第 314 页。

JIH-PÊN-KUO，见 Japan。

　***JOHORE**：Jou-fo 柔佛。国家，马来半岛南部。《嘉庆会典》卷 31，第 3b 页。

　葛路耐，第 135 页。

JUI KUO，见 Sweden。

JUNG 戎。"西方的蛮夷"之意。无法确定。《万历会典》卷 107，第 87b 页；《岛夷志略》记载马来半岛有一个"戎"。

JURFATTAN，见 Cananore。

K

KA-LA-PA，见 Java。

K'AN-PA-I-T'I,见 Coyampadi。

KAN-PA-LI,见 Coyampadi。

KAN-SHIH 幹失。无法确定。《万历会典》卷107,第87b页。

丁谦卷2,第29页,第4行。

KAN-SSǓ-LA,见 Portugal。

KARAKHODJO:Huo-chou 火州。城镇,土鲁番东部,在新疆地区。《万历会典》卷107,第88页。

白挨底,第1900页,古高昌;薄乃德第2册,第186—188页。

KASHGAR:Ha-shih-ha-êrh 哈失哈儿。城镇,新疆地区。《万历会典》卷107,第87b页。

白挨底,第3224页。

KASHMIR:K'o-shih-mi-êrh 克失迷儿。《万历会典》卷107,第87b页。

冯承钧(2),第18页。

KELANTAN:Chi-lan-tan 急兰丹。国家,马来半岛东海岸,丁机奴北部。《万历会典》卷106,第84b页。

柔克义(1),第65、121页;张维华,第109页;桑原骘藏,第86页,与元代的阇亦带相同。

KHODJEND:①Huo-chan 火占。城镇,在中亚浩罕地区。《万历会典》卷107,第87b页。

白挨底,第2414页。

②Sha-liu-hai-ya 沙六海牙。《万历会典》卷107,第87b页。

丁谦卷2,第29b页,Sha-lu-hai-ya 沙鹿海牙,沙六海牙古称;薄乃德第2册,第253页,确认了这一说法,称之为"Shahrokia"。

（存疑）③Huo-t'an 火坛。《万历会典》卷107,第87b 页。丁谦卷2,第29b 页;没有找到确认信息。

KHORASSAN：Hei-lou 黑娄。阿富汗。《万历会典》卷107,第88b 页。

薄乃德第2册,第272—273 页;冯承钧（2）,第13 页,与 Herat 相同。

KHOTAN：① Yü-t'ien 于阗。城镇,新疆地区。《万历会典》卷107,第88b 页。

是 Khotan 的古称,现今的和田。参见白挨底,第2058 页。

（存疑）②A-tuan 阿端。《万历会典》卷107,第87b 页。

KIRGHIZ（Cossacks）：Ha-sa-k'o 哈萨克。部落,中亚北部。

布鲁纳特,第863a 页。分为左右两部。

K'O-CHIEH 克乩。无法确定。《万历会典》卷107,第87b 页。

参见丁谦卷2,第29b 页。

KO-CHIH,见 Cochin。

** **KOREA**：① Kao-li 高丽。明代以前的旧称。

②Chao-hsien 朝鲜。《万历会典》卷105,第80 页;《康熙会典》卷72,第3b 页;《雍正会典》卷104,第4 页;《乾隆会典》卷56,第1 页;《嘉庆会典》卷32,第2 页;《光绪会典》卷39,第2 页。

K'O-SHIH-MI-ERH,见 Kashmir。

KOYAMPADI,见 Coyampadi。

KUANG-NAN,见 Quang-nam。

KUCHA：K'u-hsien 苦先。城镇,新疆阿克苏地区。《万历会典》卷107,第87 页。

岑仲勉,第152—153 页;赫尔曼,55F3。

K'U-CH'A-NI 窟察尼。无法确定。《万历会典》卷106,第84b页。

K'U-HSIEN,见 Kucha。

KU-LI,见 Calicut。

KU-LI-PAN-TSU,见 Pansur。

KU-MA-LA 古麻剌。国家。无法确定。《万历会典》卷106,第83b页。

K'UN-CH'ÊNG,见 Kunduz。

K'UNG-KA-ERH 控噶尔。无法确定。洪亮吉卷50,第21页。

KUO-SA-SSǓ 果撒思。无法确定。《万历会典》卷107,第87b页。

KUNDUZ(存疑):K'un-ch'êng 坤城。城镇和国家,可能是阿富汗东北部。《万历会典》卷107,第87b页。

丁谦卷2,第28b页。参见赫尔曼,60B3。

L

LACON,见 Ligor。

LAMBRI:① Nan-p'o-li 南渤利。国家,苏门答腊北部,近代的亚齐。《万历会典》卷106,第84b页。

葛路耐,第44、89页;柔克义(1),第67页。

②Nan-wu-li 南巫里,相同地方。在《明史》中作为不同地方引用。[伯希和(1),第327页;(2),第288页。]

LAN-PANG 览邦。无法确定。《万历会典》卷105,第83页。

丁谦卷1,第15页,新加坡东部群岛。

LAO-CHUA,见 Laos。

** LAOS(Lao-chua):Nan-chang 南掌。国家,中南半岛北部。《乾隆会典》卷56,第1页;《嘉庆会典》卷31,第2b页;《光绪会典》卷 39,第 2b 页。

《清通考》卷 296,第 28 页载,南掌在明嘉靖(1522—1566)年间首次用作老挝诸部落的称谓,其位于安南、暹罗和云南之间;赫尔曼,56B4;梅辉立,第 329 页,认为老挝是中国文献中对 Shan 部落的称谓;张诚孙,第 69 页,指出老挝是民间称谓,南掌是官方称谓(国号);参见苏力(Soulié)、张翼枢著:《云南境内的臣服的外夷》("Les barbares soumis du Yunnan"),《法国远东学院院刊》第 8 期,第 155—156 页。

LA-SA 剌撒。阿拉伯或非洲地区。《万历会典》卷 106,第 84b 页。

柔克义(1),第 616 页,可能是非洲索马里沿岸;吴晗,第 168 页,《武备志图》将剌撒归于阿拉伯,亚丁湾西北部;伯希和(2),第 287 页。

LIEN-KUO,见 Denmark。

* **LIGOR**(Lacon):Liu-k'un 六崑(或坤)。国家,马来半岛东岸,宋腒朥北部(现在 Siam)。《嘉庆会典》卷 31,第 3b 页。

桑原骘藏,第 280 页;张维华,第 109 页;柔克义(1),第 109 页,认为 Lo-wei 罗卫就是六崑。

LIU-CH'ÊN 柳陈。城镇,新疆喀喇和卓东部地区。《万历会典》卷 107,第 88 页。

薄乃德第 2 册,第 31 页,写作 Lukchak。冯承钧(2),第 24 页,写作 Lukchun。

** **LIU-CH'IU** 琉球。国家,位于中国东海。《万历会典》卷 105,第 81 页;《康熙会典》卷 72,第 10 页;《雍正会典》卷 104,第 16b 页;《乾隆会典》卷 56,第 1 页;《嘉庆会典》卷 31,第 2 页;《光绪会典》卷 39,第 2 页。

柔克义(1),第 64 页,中国台湾西北;伯希和(1),第 332 页,关于这是否就是现代的琉球群岛,日本学者对此有许多讨论。明代文献显示有大琉球和小琉球之分;吴晗,第 149 页,提及可能清代琉球是今日的琉球群岛;参见和田清,第 131 页。

LIU-K'UN,见 Ligor。

LIU-SHAN,见 Maldive Islands。

LU-MI,见 Rum。

LÜ-SUNG,见 Philippines。

M

MA-CH'ÊN,见 Banjermassin。

MALACCA:Man-la-chia 满剌加。国家,马来半岛西南沿海。《万历会典》卷 106,第 83b 页。

有许多变体记载:Ma-la-chia 马剌加,Ma-liu-chia 嘛六甲。

MALDIVE ISLANDS:Liu-shan 溜山。印度半岛西南部。《万历会典》卷 106,第 84b 页。

柔克义(1),第 82、387 页。

MA-LIN,见 Melinde。

* **MANG-CHÜN-TA-LAO**:莽(翟理斯,第 7667 页)均达老(存疑)。《嘉庆会典》卷 31,第 3b 页。可能是指 Magindanao,也就是 Mindanao(存疑)。(参见和田清,第 135、157、160—161 页,给出了各种变体形式,但没有与这里的记述一致的。)

MAN-LA-CHIA,见 Malacca。

MARINDUQUE(存疑):Ho-mao-li 合猫里或 Ho-mao-wu 合猫物(务)。菲律宾群岛,吕宋南部。《万历会典》卷 106,第 84b 页。

和田清,第 156 页,引用张燮著《东西洋考》,与 Mao-li-wu

(Marinduque)相同,第 157 页指出可能指的是毗邻的甘邻岛。

MA-YEH-WÊNG,见 Billiton。

MECCA,见 Arabia (T'ien-fang)。

MEDINA:Mo-tê-na 默德那。城镇,红海沿岸的阿拉伯地区。《万历会典》卷 107,第 88b 页。

MEI-(MI)-LO-CHÜ,见 Molucca。

MELINDE:Ma-lin 麻林。城镇,非洲东海岸,蒙巴萨北部。《万历会典》卷 106,第 84b 页。

柔克义(1),第 83 页。

MIEH-K'O-LI,见 Nieh-k'o-li。

MIEN-TIEN,见 Burma。

MINDANAO,见 Mang-chün-ta-lao(存疑)。

MOGADISHO(Mogedoxu,等):Mu-ku-tu-tz'ǔ 木骨都束。城镇,非洲东海岸。《万历会典》卷 106,第 84b 页。

葛路耐,第 44 页。

MOLUCCA:Mei-lo-chü 美洛居。Fu-lo-chü 芙洛居的正确形式。

洪亮吉卷 50,第 5 页,作芙洛居;参见《清一统志》卷 356,第 7 页,作美洛居。

和田清,第 161 页;吴晗,第 183 页。

MO-TÊ-NA,见 Medina。

MU-KU-TU-TZ'Ǔ,见 Mogadisho。

N

NAN-CHANG,见 Laos。

NAN-P'O-LI,见 Lambri。

NAN-WU-LI,见 Lambri。

NIEH-K'O-LI，乜克力。部落，新疆（存疑）哈密东部。《万历会典》卷107，第87b页。

丁谦卷2，第2b页；参见薄乃德第2册，第178页。

NISHAPUR：Ni-sha-wu-er 你沙兀儿。城镇，在波斯，霍拉桑省（Khorassan）。《万历会典》卷107，第87b页。

白挨底，第4555、4665页。

O

OIRAT：Wa-la 瓦剌。蒙古部落。《万历会典》卷107，第85页。

薄乃德第2册，第159—173页，将瓦剌与之后的厄鲁特混淆。

P

* **PAHANG**：P'êng-hêng 彭亨。国家，马来半岛东海岸。《万历会典》卷105，第82b页。

柔克义（1），第65页，P'êng-k'êng；吴晗，第149页，在明代的另外一个名字是 P'ên-hêng 湓亨。

PAI 白。无法确定。《万历会典》卷107，第87b页。

薄乃德第2册，第315页，可能是在土耳其东部的城市名字，也可参见 Shan tribes。

PAI（PO）-HUA 百花。无法确定。《万历会典》卷105，第82b页。

陆次云《八纮绎史》卷2，第26页，与古代注辇（Chu-nien）同，现代的科罗曼德尔（Coromandel）。

PAI-I，见 Shan tribes。

PAI-KA-TA 白葛达。无法确定。《万历会典》卷106，第84b页。

丁谦卷1，第28b页；卷2，第19页，提出这个来自海上的朝贡地方是 Bukhara(布哈拉)。

PAI-YIN 摆音。部落,无法确定。《万历会典》卷 107,第 87b 页。

被列于西部地区内。也可参见 Shan tribes。

PA-K'O-I 八可意。无法确定。《万历会典》卷 106,第 84b 页。

P'A-LA 怕剌。无法确定。《万历会典》卷 107,第 87b 页。

参见古代帕拉王朝(old kingdom of Pala),印度东北部。赫尔曼,39F2(存疑)。

PA-LA-HSI 巴喇西。无法确定。《续文献通考》卷 239,第 24b 页。

PALEMBANG:① San-fo-ch'i 三佛齐。东苏门答腊,室利佛逝(Srivijayan)。《万历会典》卷 105,第 82b 页。

葛路耐,第 62、73 页;桑原骘藏,第 7、17 页;冯承钧(4),第 228 页,同意其与巨港相同。

②Chiu-chiang 旧港,后来的名称(指相对更小的区域,存疑)。

柔克义(1),第 66 页;冯承钧(1),第 11 页。

PA-LI-HEI,见 Balkh。

PANG-KO-LA,见 Bengal。

PANSUR:Ku-li-pan-tsu 古里班卒。苏门答腊西海岸,靠近巴勒斯[Bārūs(Baroes)]。《万历会典》卷 106,第 84b 页。

藤田丰八认为:班卒与《岛夷志略》中的"宾窣"一致,"Pansur, Fansur"是阿拉伯语,Ku-li 意为岛(参见《岛夷志略》,第 63b 页,引用 Gerini)。

PA-TA-HEI-SHANG,见 Badakshan。

* **PATANI**:Ta-ni 大泥(也称 Ta-nien 大年)。国家,宋腒朥南

部,马来半岛东海岸。《嘉庆会典》卷31,第3b页。

张维华,第109页;王国维,第43b页,明人错误地将其与浡泥混为一谈;和田清,第128页注释3,指出这是因为浡泥源自西洋贸易路线;桑原骘藏,第83页,指出大泥与元代的大力实为同一国家。

PA-TAN-SHA,见 Badakshan。

P'ÊNG-CHIA-NA,见 Bengal。

P'ÊNG-HÊNG,见 Pahang。

*** PHILIPPINES**(Luzon):Lü-sung 吕宋。国家。《万历会典》卷106,第84b页;《嘉庆会典》卷31,第3b页。

张维华,第73—74页,吕宋是西班牙人占据之前的名称,后来西班牙称之为"大吕宋"。例如,见《筹办夷务始末》道光朝卷76,第16页(1846年7月)。相反,小吕宋适用于菲律宾(马尼拉)。《筹办夷务始末》道光朝卷71,第23b页(1844年5月)。1847年2月,福建官府与西班牙用法一致,作大吕宋(《筹办夷务始末》道光朝卷77,第14b页)。

PIEH-SHIH-PA-LI,见 Bashibalik。

P'O-LO,见 Borneo。

PO-LO-ERH,见 Bolor。

P'O-NI,见 Brunei。

**** PORTUGAL**:葡萄牙、西班牙、意大利、法国被经常地混淆,或不作区分。

①Fo-lang-chi 佛朗机,即 Franks,十字军东征时期,中国人从阿拉伯人那里获得的名称,作为对于西方的称呼。1500年以后,葡萄牙人使其恢复(故指葡萄牙)。也用于指西班牙,之后与法国相混淆,见②。参见张维华,第5—6页。《清通考》卷

298，第 31b 页，与 Ho-lan-shi 和兰西相同，巴离士（Paris）是首都；占据澳门，并在澳门贸易。

②Fa-lan-hsi（France）法兰西或 Fu-lang-hsi 弗朗西。《嘉庆会典》卷 31，第 4 页，与明代佛郎机同；占据菲律宾（吕宋），居于澳门。张维华，第 5 页，给出法兰西的 6 种变体，上文提到的和兰西，往往可能与荷兰混淆。

③I-ta-li-ya（罗马或意大利，也称葡萄牙）意达里亚。《嘉庆会典》卷 31 第 3 页，教皇本笃十三世 1725 年入贡。参见《清通考》卷 298，第 6—8 页，地中海的一个半岛上，罗马是首都，在 1670 年和 1678 年，国王阿丰肃（葡萄牙阿方索六世）入贡。张维华，第 155—156 页，早期用于欧洲（罗马），《明史》指代天主教传教士。在 19 世纪初期的档案中，在澳门的葡萄牙人被提及来自意达里亚国（意大利），例如《筹办夷务始末》道光朝卷 71，第 1 页（1844 年 3 月）。但有解释说，虽然这个名字是耶稣会士起的，适用于澳门，但真正居住在澳门的是"大西洋"，见下文。1848 年 6 月一个意大利传教士被捕，并称"查意大理国并无夷目在粤"（《筹办夷务始末》道光朝卷 79，第 17 页）。所以这完全是指一个全新的国家。

④Ta-hsi-yang 大西洋。这是对欧洲的总称，与印度洋（小西洋）相对，见下文西洋条目。但是也用于指代葡萄牙一国。例如，《筹办夷务始末》道光朝卷 70，第 1b 页（1843 年 12 月）；卷 72，第 3 页（1844 年 7 月）。

⑤Po-êrh-tu-chia-li-ya（葡萄牙）博尔都嘉利亚。《嘉庆会典》卷 31，第 3 页，国王阿丰肃（阿方索六世）初次入贡于 1670 年。

⑥Po-êrh-tu-ka-êrh（葡萄牙）博尔都噶尔。《嘉庆会典》卷

31,第 3 页,初次入贡于 1727 年。

⑦Kan-ssǔ-la 干丝腊。《嘉庆会典》卷 31,第 4 页,靠近英吉利,在西北海中。张维华,第 69 页,错误地用来指代葡萄牙,词汇源自 Castilla,指在菲律宾的西班牙人;这一点与伯希和所述一致。参见伯希和(5),第 69 页,关于葡萄牙的其他书写也被一并提及。

PU-HA-LA,见 Bukhara。

PU-LA-WA,见 Barawa。

Q

QUANG-NAM:Kuang-nan 广南。中南半岛东岸。《万历会典》卷 107,第 87b 页。

《清通考》卷 196,第 30 页,古南交,与安南、占城、缅甸、暹罗相邻;马伯乐(Maspero,《占婆史》,载《通报》第 11 期,第 195 页)认为是占城的旧首都;参见桑原骘藏,第 19 页;鄂卢梭(L. Aurousseau),《法国远东学院院刊》第 22 期,第 158—160 页;《海国闻见录》,第 19b 页,与安南同。

QUILON(Kulam):Hsiao-ko-lan 小葛兰。印度的西南端。《万历会典》卷 106,第 84 页。

柔克义(1),第 67 页,Hsiao-chü-nan 小唄喃,Kain Colam;参见柔克义(1),第 76、83、425 页。

R

RUM:Lu-mi 鲁迷(密)。国家,小亚细亚东部。《万历会典》卷 107,第 88 页。

赫尔曼,54C3;薄乃德第 2 册,第 306—308 页。

RUSSIA:Ê-lo-ssǔ 俄罗斯。

不在本次列举的范围之内。清代,俄罗斯事宜归属理藩院管辖(见本章第三节)。薄乃德第2册,第73—81页,总结了《元史》的文献。

S

SAIRAM：Sai-lan 赛兰。城镇,中亚塔什干东北地区。《万历会典》卷107,第87b页。

白挨底,第5347页。冯承钧(2),第31页。

SAMARKAND：Sa-ma-êrh-han 撒马儿罕。城镇,中亚地区。《万历会典》卷107,第88页。

白挨底,第5342页。

SAMUDRA：① Hsü-wên-ta-na 须文达那。苏门答腊东海岸。《万历会典》卷105,第83页,"据说"与②同。

②Su-mên-ta-la 苏门答剌。《万历会典》卷105,第83页;《嘉庆会典》卷31,第3b页。

早期翻译者根据中文文献认为苏门答腊与亚齐相同。伯希和(3),第214页,总结道:此地对应的是现在苏门答腊八昔河(Pasai River)上的一个村庄。米尔斯从一份中国航海图上指出了其可能的位置,"临近孔雀港(Meraksa),大约八昔河以西5英里处"。

SAN-FO-CH'I,见 Palembang。

SAO-LAN 扫兰(存疑)。《万历会典》卷107,第87b页。

Sairam 的变体写法(存疑),这是丁谦的另一种猜测。

SHA-LI-WAN-NI,见 Cananore。

SHA-LIU-HAI-YA(Shahrokia),见 Khodjend。

SHAN TRIBES：Pai-i 摆夷。中南半岛北部。

梅辉立,第329页,滇缅边境的掸族(Shans)俗称 Pai I 百夷。然而,中国官方作者将他们描述为 Lao Chua (Laos),百夷用来描述云南诸多部落(《南蛮志》)和广西边境的原住民。苏力、张翼枢著：《云南境内的臣服的外夷》("Les barbares soumis du Yunnan")，《法国远东学院院刊》第 8 期，第 352 页，引用《南诏野史》(Nan Tchao ye che)，认为白人、百夷和摆夷都是泰族。司格特(J. Siguret)：《云南边界的土地与人口》(Territoires et populations des confins du Yunnan,北平,1937 年)，第 137 页,将摆夷归为云南境内的掸族。

SHA-TI-MAN：沙的蛮(存疑)。《万历会典》卷 107,第 87b 页。

字面意思："沙漠中的野蛮人。"参见薄乃德第 2 册,第 315 页。

SHÊ-HEI 捨黑。城镇,阿拉伯南部海岸(存疑)。《万历会典》卷 107,第 87b 页。

丁谦卷 2,第 29b 页,在阿拉伯,与 Sha-ha 沙哈同；参见赫尔曼,50D4, Escier(第 2113 号)，施曷 Shih-ho, Shihr。

SHÊ-LA-CH'I 捨剌齐。《万历会典》卷 106,第 84b 页。

薄乃德第 2 册,第 127—128 页。

SHÊ-P'O,见 Java。

SHIRAZ：Shih-la-ssǔ 失剌思。城镇,波斯地区。《万历会典》卷 107,第 87b 页。

白挨底,第 5677 页；薄乃德第 2 册,第 292—294、128 页。

**SIAM：① Hsien-lo 暹罗。国家。《万历会典》卷 105,第 81b 页；《康熙会典》卷 72,第 16 页；《雍正会典》卷 104,第 27 页；《乾隆会典》卷 56,第 1 页；《嘉庆会典》卷 31,第 2b 页；《光绪会典》卷 39,第 2b 页。

②Chiang-k'ou 港口。《嘉庆会典》卷 31,第 3 页,一个国家,距厦门 160 更。

《海国闻见录》(1730年完成的一部著作,见本章第七节)卷1,第25页,描述了从厦门到港口的航海路线,给出了终点即Hsien-lo chiang-k'ou 暹罗港口,施古德翻译为"暹罗的河口",距离厦门188更;进入港口需要再走40更。《海录》(一部1820年完成的作品)卷1,第2页,指出可能暹罗港口是到暹罗海路的终点。在本章第五节1818年版《大清会典》中列出了港口国,但并没有列出暹罗。港口国与暹罗的一致性或之间的联系,有待在未来的研究中被证明。例如,《清通典》卷98,第13页,记载国王姓郑,与当时暹罗国王同姓。

SO-LI,见 Chola。

SO-LO,见 Borneo。

SPAIN:Hsi-pan-ya 西班牙。没有在《会典》中正式列出,与葡萄牙相混淆;见 Philippines。

** **SULU**:Su-lu 苏禄。苏禄列岛。《万历会典》卷106,第83b页;《雍正会典》卷104,第36页;《乾隆会典》卷56,第1页;《嘉庆会典》卷31,第2b页;《光绪会典》卷39,第2b页。

柔克义(1),第66页;内田直作,第32页,给出了名称变体。

SUMATRA,见 Samudra。

* **SUNGORA**(Sunkla):Sung-chü-lao 宋腒朥。国家,马来半岛东海岸,大泥北部(现在在暹罗,现代的宋卡)。《嘉庆会典》卷31,第3b页。

张维华,第109页,与 Sung-ch'ia 宋卡或 Sung-chiao 宋脚,Sawng Kia 或 Sungora 相同;桑原骘藏,第280页。

SYRIA:Fu-lin 拂菻。地中海东岸,包括巴勒斯坦在内(原拜占庭帝国)。《万历会典》卷106,第84b页。

赫尔曼,第38页,区分了大拂菻是东罗马帝国,小一点的拂临(sham)在叙利亚。

* **SWEDEN**：Jui-kuo 瑞国。《嘉庆会典》卷31,第4页。

T

TABRIZ：T'ieh-pi-li-ssǔ 帖必力思。城镇,波斯地区。《万历会典》卷107,第87b页。

冯承钧(2),第35页。

TA-HUI 打回。无法确定。《万历会典》卷106,第84b页。

T'AI-NING,地区。见 To-yen。

TA-NI,见 Patani。

TA-NIEN,见 Patani。

TAN-PA 淡巴(存疑)。《万历会典》卷105,第83页。陆次云著:《八纮绎史》卷2,第26b页,与古 Lang-ya-hsiu 狼牙修相同；参见冯承钧(4),第226页,Lankāsuka,在马来半岛北部。

* **TAN-TAN** 单咀。《嘉庆会典》卷31,第3b页,柔佛属国,列于丁加奴和彭亨之间；参见冯承钧(4),第221页,丹丹、单单和旦旦似乎都指马来半岛上的同一个地方。这似乎比之前费琅,第299—300页的解释(在爪哇的东部)更为可能。

TASHKENT：T'a-shih-kan 塔什干。中亚地区。《清通考》卷299,第12b页。

白挨底,第154页。

TIBET：Wu-ssǔ-tsang 乌思藏。《万历会典》卷108,第88b页；《康熙会典》卷73,第1页;《雍正会典》卷105,第1页。

也见 T'u-fan,Hsi-tsang 等。参见布鲁纳特,第906页,以及白挨底,第2502页的变体。

TIEH-LI 碟里。无法确定。《万历会典》卷106,第84b页。

T'IEH-PI-LI-SSǓ,见 Tabriz。

T'IEN-FANG, 见 Arabia。

TING-CHI-NÜ, 见 Trengganu。

TOGMAK: T'o-hu-ma 脱忽麻。中亚地区。《万历会典》卷 107, 第 87b 页。

薄乃德第 2 册, 第 161 页; 参见赫尔曼, 69C2, Tokmak。

TO-YEN: To-yen 朵颜, Fu yü 福余和 T'ai-ning 泰宁三地, 均在东北。《万历会典》卷 107, 第 86b 页。

赫尔曼, 55GF2。

* **TRENGGANU**: Ting-chi-nü 丁机奴。国家, 马来半岛东海岸, 彭亨北部。《嘉庆会典》卷 31, 第 3b 页。

柔克义(1), 第 65、118 页; 张燮卷 4, 第 11b 页, 认为应作丁机宜, 为爪哇属国, 与柔佛毗邻; 王国维, 第 29b 页, 认为应作丁家卢;《清通稿》卷 297, 第 16—17 页, 柔佛属国; 桑原骘藏, 第 85 页, 认为它即元代的丁呵儿。

TSO-FA-ERH, 见 Djofar。

TSO-HA-SA-K'O, 见 Khirgiz。

TSO-FA-ÊRH, 见 Djofar。

T'U-LU-FAN, 见 Turfan。

TUNG-PU-LU-T'Ê, 见 Burut。

TUNG-YANG, 见 Western Ocean。

** **TURFAN**（anc. Kao-ch'ang 古高昌）: T'u-lu-fan 土鲁番。城镇, 新疆地区。《万历会典》卷 107, 第 88 页;《康熙会典》卷 72, 第 8b 页;《雍正会典》卷 104, 第 37b 页。

白挨底, 第 6670 页。

TURGUT: T'u-êrh-ku-t'ê 土尔古特。部落, 中亚地区。《清一统志》卷 355, 第 34 页。

参见布鲁纳特,第864、903页。

U

URIANGHAI: Wu-liang-ha 乌梁海。在内蒙古东部和满洲南部地区。《万历会典》卷107,第85页。

白挨底,第7182页;林同济(2),第867页。

W

WA-LA,三王子,见 Oirat。

WÊN-LAI,见 Brunei。

WÊN-TU-SSǓ-T'AN 温都斯坦。无法确定。洪亮吉卷50,第21页。

** **WESTERN OCEAN COUNTRY**(IES): Hsi-yang(chu)-kuo 西洋(诸)国。《康熙会典》卷72,第18页;《雍正会典》卷104,第30页;《乾隆会典》卷56,第1页;《嘉庆会典》卷31,第3页,起初(1690)是一个单数指代,之后变为欧洲诸国的通称;参见张维华,第155—156页,大西洋指欧洲。西洋在明代初期指南海和婆罗洲西部的印度洋,与东洋(婆罗洲以东)相对(引自张燮《东西洋考》)。更加全面的讨论参见和田清,第123—125页,西洋和东洋原指贸易线路,西洋为印度—中国—马来半岛沿线,而东洋为菲律宾、美洛居等。大西洋也被特别用于表示葡萄牙。

WO-NU,见 Japan。

WU-LUN 兀伦。无法确定。《万历会典》卷107,第87b页。

参见柔克义(1),第238页,Wu-lun 巫仑,爪哇的附属国。

WU-SHÊ-LA-T'ANG 乌涉剌踢。无法确定。《万历会典》卷106,第84b页。

WU-SSǓ-TSANG,见 Tibet。

Y

YA-CHI,见 Achin。

YA-ÊRH-KAN,见 Yarkand。

YA-HSI 牙昔。无法确定。《万历会典》卷 107,第 87b 页。

丁谦卷 2,第 29b 页,指其为阿克苏(Aksu)。

YARKAND:① Ya-êrh-kan 牙儿干。城镇,新疆地区。《万历会典》卷 107,第 87b 页。

② Yeh-êrh-ch'in (Hui-hui kuo)叶尔钦。《大清一统志》卷 355,第 36 页。

参见冯承钧(2),第 41 页,Yeh-êrh-ch'iang 叶尔羌,即清代叶尔钦之名。

YEH-SSǓ-CH'ÊNG 耶思成。无法确定。《万历会典》卷 107,第 87b 页。

YING-CHI-LI,见 England。

* **YIN-TAI-MA** 尹代吗。无法确定,靠近柬埔寨。《嘉庆会典》卷 31,第 3b 页,被列于柬埔寨和六崑之间;参见《海国闻见录》,第 196 页,昆大吗在柬埔寨和暹罗之间。

YÜEH-NAN,见 Annam。

YU-HA-SA-K'O,见 Kirghiz。

YÜ-T'IEN,见 Khotan。

附录1 参考书目

关于参考书目:针对这个庞大而又多分支的主题,各个方面的研究已经积累到一定程度,因此整体研究是具有价值的。与此同时,大部分著作都是在明代完成的,而在明代与19世纪之间留下了一个空缺。以下有关海上关系或朝贡体系的现代著作,虽然大多关注明朝或更早的时期,但它们仍被选作研究清代相应主题的重要背景资料。参考书目按作者英文姓名字母顺序和在本章中的引用排序,特别是在第八节。出于分析的目的,参考文献可以被分为5个主题:

1. 关于行政:桑原骘藏对宋元时期对外贸易的杰出研究让后人难以企及。张德昌、林同济、矢野仁一、内田直作等人均研究了明代与外国人打交道的机构。

2. 关于航海路线和郑和下西洋,和田清讨论了经过菲律宾的航海路线,而米尔斯论述了经过马来亚的航海路线。葛路耐、夏德、柔克义等人翻译了很多有价值的资料,而郑和下西洋最先由柔克义和前辈学人如伯希和、戴闻达、冯承钧等对一系列重要问题展开研究,他们修订了前人的著述,但并没有取代它们。

3. 关于与中亚关系:对于明朝时期,薄乃德的著作仍然是主要著作。大量关于清代理藩院的材料还几乎没有被触碰。

4. 关于欧洲:张维华已经对《明史》中的欧洲国家进行了有价值的研究。张天泽对澳门进行了研究(注意伯希和的书评)。

对于此类工作参见表3.7和普里查德给出的参考文献。本文不涉及耶稣会士的著作。

5.关于清代与邻国的关系：柔克义（论述朝鲜和西藏）、张诚孙和矢野仁一（1）（论述缅甸）、德微理亚（论述安南，不充分）刚刚进入这一庞大的主题内。

这个粗略的调查揭示出我们对清朝对外关系——清朝在中亚的行政管理；17世纪的中荷关系；与暹罗、老挝和琉球的朝贡关系；中国方面的对外贸易概况——认知中的许多漏洞。类似戴闻达教授对最后一支访华荷兰使团的研究，是非常需要的。在第七节，我们尝试着列出了一些重要的清代资料，以备关键时刻派上用场。在下面的列表中，一些条目则需要避免。

缩写：

B，布鲁纳特、哈盖尔斯特洛姆著，贝勒申科、莫兰译：《当代中国的政治机构》，上海，1912年。

H，阿尔伯特·赫尔曼著：《中国历史与商业地图集》（*Historical and Commercial Atlas of China*），剑桥，1935年。

P，白挨底著：《中国的城市与乡镇：地理词典》，上海，1910（1879）年。

IWSM-TK，《筹办夷务始末》道光朝（80卷），北平，1930年。

参考书目

1.《荷兰热带地图集》，巴达维亚，1938年。

2.薄乃德著：《基于东亚史料的中世纪研究》，伦敦，1910年，重印于1937年。请注意这部分内容是依据刊载于《中国评论》第5期（1876—1877）中的《明史》和《大明一统志》的材料。

3. 张诚孙著:《中央滇缅疆界问题》,《燕京学报专号》十五,哈佛燕京学社出版,北平,1937年,特别是第 85—91 页。

4. 张锡纶著:《十五六七世纪间中国在印度支那及南洋群岛的贸易》("Chinese trade in Indo-China and the Southern Sea archipelago in the 15th, 16th, and 17th centuries"),《食货》第 2 卷第 7 期,1935 年 9 月,第 22—30 页。这是基于《明史》的简明研究,提供了有意思的建议和参考文献。

5. 张德昌著:《明代广州之海舶贸易》,《清华学报》第 7 卷第 2 期,1932 年 6 月,第 1—18 页。英文版题名 "Maritime Trade at Canton during the Ming Dynasty",《中国社会及政治学报》第 17 卷,1933 年,第 264—282 页。

6. 张天泽著:《中葡通商研究》,莱顿,1934 年。与伯希和(5)的评论同样重要。

7. 张维华著:《明史佛朗机吕宋和兰意大里亚四传注释》,《燕京学报专号》七,哈佛燕京学社,1934 年。这是一部充分利用了伯希和与其他学者的发现,进行的有价值的研究的著作。

8. 德微理亚著:《16—19 世纪中国与安南—越南关系史》(*Histoire des relations de la Chine avec l'Annam-Vietnam au XVIe au XIX siècle, d'apès des documents chinois*),巴黎,1880 年。

9. 戴闻达著:(1)《马欢重考》,阿姆斯特丹,1933 年。

(2)《15 世纪早期中国航海远征的确切时间》,《通报》第 34 期,1939 年,第 341—412 页。

(3)《1794—1795 年荷兰赴华使节记》,《通报》第 34 期,1938 年,第 1—137 页。

(4)《〈实录〉中最后的荷兰使团》,《通报》第 34 期,1938 年,第 223—227 页。

(5)《关于最后赴华的荷兰使团的补充材料》,《通报》第 35 期,1940 年,第 329—353 页。

10.《赴北京朝廷的使团……》,《中国丛报》第 14 期,1845 年,第 153—156 页。从《嘉庆会典》卷 31 中提取的材料有一些不准确,部分数据在下文附录 2 和附录 3 中呈现。

11. 冯承钧著:(1)《瀛涯胜览校注》,上海,1935 年。伯希和(3)进行了回顾。本文的引用来自"绪论"。

(2)《西域地名》,西北科学考察团,1930 年。这是一个有用的名单,但仅提供了总体的参考文献。

(3)《西域南海史地考证译丛》和《西域南海史地考证译丛续编》,商务印书馆,1934 年。翻译的 25 篇文章中有 17 篇来自伯希和。虽然是翻译,但是是有用的辑合。

(4)《中国南洋交通史》,上海,1937 年。这是一部带注释的资料集,材料可追溯至明代。也许是目前最有用的著作。

12. 费琅著:《昆仑和古代南海内洋航行》,《亚洲杂志》第 13 期,1919 年,第 239—333、431—492 页;第 14 期,第 5—68、201—241 页。文章基于清代以前的资料,大部分已在本文中列出。引人注意的是说明了亚洲地名的语音问题。

13. 藤田丰八著:《东西交涉史研究》(*A Study of the History of Relations between East and West*,2 册),东京,1932—1933 年。第 2 册包含了一份有用的地名索引。

14. 葛路耐著:《南洋群岛文献录》,1876 年。包括了从《明史》和《东西洋考》节选内容的翻译。

15. 夏德、柔克义译:《诸蕃志》(*Chau Ju-kua: His Work on the Chinese and Arab Trade in the Twelfth and Thirteenth Centuries, entitled Chu-fan-chi*),圣彼得堡,1911 年。与之前的文献一样,

这一译著必须与伯希和与戴闻达的最新研究相结合。

16. 侯厚培著:《五口通商以前我国国际贸易之概况》,《清华学报》第 4 卷第 1 期,1927 年 6 月。这是一篇早期的研究著作,现在已被其他研究成果取代。

17. 哲美森著:《中国的朝贡国》,《中国评论》第 12 期,1883 年,第 94—109 页。文章根据《嘉庆会典》卷 31 和《嘉庆会典事例》卷 392—393 翻译而来,需要仔细和广泛地核对。也是"中国及其朝贡国"章的基础,收录于盖德润(R. S. Gundry)《中国和她的近邻》(China and Her Neighbors),伦敦,1893 年。

18. 佚名著:《觐见中国皇帝的西方使臣》("Audiences Granted by the Emperors of China to Western Envoys"),《中国评论》第 3 期,1874 年,第 67—83 页。这是主要引用西方材料的一篇"大杂烩"式的文章,不再有价值。

19. 百濑弘著,郭有义译:《明代中国之外国贸易》,《食货》第 4 卷第 1 期,1936 年 6 月 10 日,第 42—51 页。日文原版发表于《东亚》第 8 卷第 7 期,1935 年,第 95—110 页。

20. 桑原骘藏著:《蒲寿庚考》,《东洋文库欧文纪要》第 2 期,1928 年,第 1—79 页;第 7 期,1935 年,第 1—104 页。

21. 林同济著:(1)《明朝时期的东北》("Manchuria in the Ming Empire"),《南开社会经济季刊》第 8 卷第 1 期,1935 年 4 月,第 1—43 页。

(2)《明代女真的贸易与朝贡:一项中国治理边疆人口的理论和方法研究》,《南开社会经济季刊》第 9 卷第 4 期,1937 年 1 月,第 855—892 页。

22. 梅辉立编,白挨底修订:《中国政府:名目手册》,上海,1897 年(原版 1878 年)。

23. 米尔斯著:《吴佩其(音译)海图中的马来亚》,《皇家亚洲学会马来亚分会》卷 15,第 3 部分,1937 年 12 月,第 1—48 页。这是一篇很有价值的作品,这个主题最先由菲利普斯开创。戴闻达给出的部分结论参见《中国航向》("Sailing Directions of Chinese Voyages"),《通报》第 34 期,1938 年,第 230—237 页。

24. 马礼逊著:《语言学视角下的中国》(*A View of China for Philological Purpose*),澳门,1817 年,第 80—86 页。文章给出了一份由礼部记录的包括 30 个朝贡国的名单,但没有说明准确的文献出处。这篇文章可以说是一个有趣的汇编,而非翻译,包括了明初的主要海上朝贡国。

25. 颇节著:《中国与西方国家关系史》,巴黎,1859 年。本著作翻译了 1824 年版《大清通礼》中的朝贡仪式,有些缺憾,但注意到了与 1756 年版两者间的差异——参见《中国官方档案对外国使团的记载》("Documents officiels chinois sur les ambassades étrangères, envoyés près de l'empereur de la Chine"),《东方评论》(*Revue de l'Orient*)第 2 期,1846 年,第 1—22 页。

26. 伯希和著:(1)《15 世纪初中国人的伟大航海旅行》,《通报》第 30 期,1933 年,第 237—452 页。

(2)《关于郑和及其航行的附加说明》("Notes Additionelles sur Tcheng Houo et sur ses voyages"),《通报》第 31 期,1935 年,第 274—314 页。

(3)《再论郑和下西洋》("Encore à propos des voyages de Tcheng Houo"),《通报》第 32 期,1936 年,第 210—222 页。

(4)《在北京的玛讷撒尔达聂使团》,《通报》第 27 期,1930 年,第 421—424 页。文章给出证据显示这次访华时间是 1670

年,而非 1667 年。

(5)《关于澳门早期的一部著作》("Un ouvrage sur les premiers temps de Macao"),《通报》第 31 期,1934 年,第 58—94 页。张天泽的一篇评论给出了新的材料和更正。

27. 普里查德著:《中英早期关键性的年代 1750—1800》,普尔曼出版社,1936 年,第 403—430 页。著作给出了一份非常有用的论述近代关系的西方材料,包含一个中文材料的列表。其他内容涉及与欧洲使团和俄罗斯关系等,见上文表 3.7。

28. 柔克义著:(1)《诸蕃志译注》("Notes on the Relations and Trade of China with the Eastern Archipelago and the Coasts of the Indian Ocean during the Fourteenth"),《通报》第 14—16 期(1913—1915),莱顿,1915 年 9 月出版。

(2)《15 世纪至 1895 年的中朝关系》(*China's Intercourse with Korea from the XVth Century to 1895*),伦敦,1905 年。

(3)《1644—1908 年拉萨达赖喇嘛与中国满洲皇帝的关系》("The Dalai Lamas of Lhasa and Their Relations with the Manchu Emperors of China,1644-1908"),莱顿,1910 年,《通报》第 11 期,第 1—104 页。

(4)《前往中国宫廷的外交使团:叩头问题》,《美国历史评论》第 2 期,1897 年,第 427—442、627—643 页。修订和扩展了《觐见中国皇帝的外国使团》(*Diplomatic Audiences at the Court of China*),伦敦,1905 年。

29. 施古德著:《地理注释》("Geographical Notes"),《通报》第 9 期,1898 年,第 177—200、273—298 页。有一些有用的参考文献。

30. 丁谦著:《明史各外国传地理考证》,《浙江图书馆丛书》

第 8 册,1915 年。张维华(第 102—103 页)与和田清(第 157 页)指出了丁谦的一些错误。丁谦的著作包含了很多未经证实的猜测,在第八节有引用只是出于提示性价值。

31. 岑仲勉著:《明初曲先阿端安定罕东四卫考》,《金陵学报》第 6 卷第 2 期,1936 年 11 月,第 151—172 页。

32. 和田清著:《明朝以前中国人所了解的菲律宾群岛》,《东洋文库(东方图书馆)》第 4 期,东京,1929 年,第 121—126 页。充分利用张燮的《东西洋考》开展研究。

33. 内田直作著,王怀中译:《明代之朝贡贸易制度》("The system of Court tribute and trade in the Ming period"),《食货》第 3 卷第 1 期,1935 年 12 月 10 日,第 32—37 页。

34. 藤田丰八著,王国维译:《岛夷志略校注》,《雪堂丛刻》第 10 册。这是一部重要的对元代文本现代集成的著述。

35. 吴晗著:《十六世纪前之中国与南洋》,《清华学报》第 11 卷第 1 期,1936 年 1 月,第 137—186 页。

36. 箭内亘著:《东洋读史地图》,修订版,东京,1926 年。

37. 矢野仁一著:(1)《论缅甸与中国的朝贡关系》,《东洋学报》第 17 期,1928 年,第 1—39 页。

(2)《中国近代外国关系研究》,京都,1928 年。本研究集中于明清时期与葡萄牙的关系,讨论了每一个使团。

38.《禹贡》半月刊,北平,1934—1937 年。这是中国关于朝贡主题的近期研究的主要资料来源,包含的文章很多,无法在此一一列出。特别是参见第 6 卷第 8—9 期,1937 年,1 月 1 日,《南洋研究专号》。

附录2 清代朝贡国补充列表

源自清朝各版本《会典》中记载的朝贡国名单,可以与其他文献进行比较:

1. 在洪亮吉《乾隆府厅州县图志》中列举了57个朝贡部落或国家,卷50。

2.《大清一统志》(1764年完成)[1]卷353—356,列出了31个朝贡国。

3.《嘉庆重修一统志》(包含至1820年的材料)卷550—560,列出了43个朝贡国。

4.《清通考》(清初至1785年)卷293—300列出了32个朝贡国。

我们以洪亮吉的名单作为主分析框架,是因为他的著述既有分析性,又是涵盖最广泛的。

---

[1] 译者按:此处似有误。《大清一统志》应在朝隆九年,即1744年完成。

地区	洪亮吉《乾隆府厅州县图志》	《大清一统志》(1764)	《嘉庆重修一统志》	《清通考》
东部边界	朝鲜	+	+	+
	琉球	+	+	+
	日本	+	+	+
	苏禄	+	+	0
	合猫务	合猫里	+	0
	美洛居	+	+	0
	婆罗	+	+	0
南部和东南部边界	安南	+	越南	安南
	南掌	+	+	+
	广南	0	+	+
	缅甸	0	+	+
	胡卢	0	+	+
	整欠	0	+	0
	景海	0	0	0
	暹罗	+	+	+
	港口国	0	+	+
	东埔寨	0	柬埔寨	+
	宋腒朥	0	+	0
	柔佛	0	+	+
	亚齐	0	+	+
	吕宋	+	+	+
	莽均达老	0	0	0
	噶喇吧	爪哇	噶喇吧	+

续表

地区	洪亮吉《乾隆府厅州县图志》	《大清一统志》(1764)	《嘉庆重修一统志》	《清通考》
南部和东南部边界	意达里亚	O	O	+
	博尔都噶尔亚	O	O	+
	佛朗机	+	O	+
	西洋	+	+	O
	南渤利	+	+	O
	占城	+	+	O
	真腊	+	O	O
	浡泥	+	+	O
	*麻叶甕	+	+	O
	三佛齐	+	O	O
西部和西北部	*东布鲁特	O	O	+
	*西布鲁特	O	O	+
	*安集延	O	O	+
	巴达克山	O	O	+
	*博罗尔	O	O	+
	*爱乌罕	O	O	+
	榜葛剌	+	+	O
	拂菻	+	+	O
	古里	+	+	O
	柯枝	+	+	O

续表

地区	洪亮吉《乾隆府厅州县图志》	《大清一统志》(1764)	《嘉庆重修一统志》	《清通考》
西部和西北部	锡兰山	+	+	0
	西洋琐里	+	+	0
	*温都斯坦	0	0	0
	*控噶尔	0	0	0
	英吉利	0	+	+
	干丝腊	0	0	+
	荷兰	+	+	+
	瑞国	0	+	+
	嗹国	0	+	+
	*塔什干(在巴达克山后)	0	0	+
北部边界	*俄罗斯	+	+	+
	*土尔古特	+	0	0
	*左哈萨克	0	0	+
	*右哈萨克	0	0	0
	0	叶尔羌	0	0
	0	苏门答腊	0	0
	0	0	彭亨	+
	0	0	*马辰	0
	0	0	丁机奴	0
	0	0	满剌加	0
	0	0	旧港	0
	0	0	法兰西	0

注意:O,代表没有列出;+,代表列出;*,代表没有出现在上文列出的 6 个版本的《会典》的列表中。

很明显,即使是官方公布的朝贡国家名单也不是固定的。由于通过贸易建立起联系的国家几乎必然获得名义上的朝贡地位,所以这个名单更多是基于经济因素而不是政治史的考量。然而,即使为了经济目的,也不禁让人想起明朝的过往辉煌(例如锡兰山、琐里、古里),而它们的价值也令人深思。

附录3　第三章第七节著作作者与著作名称索引

1. 《澳门纪略》9
2. 张汝霖 9
3. 张树声 29
4. 张玉书 2
5. 陈伦炯 8
6. 《嘉庆重修一统志》19
7. 江上蹇叟 34
8. 《乾隆府厅州县图志》17
9. 《钦定古今图书集成》7
10. 《清通考》14
11. 《清通典》13
12. 《中西纪事》34
13. 《福建通志》31
14. 《福建通志政事略》16
15. 《海国图志》32
16. 《海国闻见录》8
17. 《海录》20
18. 《海岛逸志》15
19. 《海外纪要》23
20. 贺长龄 22
21. 何大庚 28
22. 《熙朝纪政》30
23. 夏燮 34
24. 《厦门志》25
25. 谢清高 20
26. 徐继畬 33
27. 许地山 24
28. 《华事夷言》27
29. 《皇朝经世文编》22
30. 《皇清职贡图》10
31. 洪亮吉 17
32. 《译史纪余》4
33. 阮元 21
34. 顾炎武 1
35. 《广东通志》21
36. 《广舆记》5
37. 蓝鼎元 6
38. 李增阶 23
39. 梁廷枏 26

40. 林则徐 27、29、32
41. 陆次云 4
42. 陆应旸 5
43.《论南洋事宜书》6
44.《吕宋纪略》18
45. 吕调阳 20
46.《八纮译史》4
47.《石渠余记》30
48.《大清一统志》11
49.《达衷集》24
50.《台湾府志》12
51.《天下郡国利病书》1
52.《图书集成》7
53. 王庆云 30
54.《外国纪》2
55.《外国竹枝词》3
56. 王大海 15
57. 魏源 32
58. 杨炳南 20
59.《洋务丛钞》29
60. 姚莹 29
61. 叶羌镛 18
62. 印光任 9
63.《瀛环志略》33
64.《英夷说》28
65. 尤侗 3
66.《粤海关志》26